墨香财经学术文库

"十二五"辽宁省重点图书出版规划项目

U0656754

Regional Culture, Top Manager's

Characteristics and the
Efficiency of Capital Allocation

区域文化、管理者特质
与企业资本配置效率

张婷婷 ◎ 著

东北财经大学出版社
Dongbei University of Finance & Economics Press

大连

图书在版编目（CIP）数据

区域文化、管理者特质与企业资本配置效率 / 张婷婷著. —大连：东北财经大学
出版社，2020.6

（墨香财经学术文库）

ISBN 978-7-5654-3732-8

Ⅰ．区… Ⅱ．张… Ⅲ．企业管理–财务管理 Ⅳ．F275

中国版本图书馆CIP数据核字（2019）第296272号

东北财经大学出版社出版发行

大连市黑石礁尖山街217号　邮政编码　116025

网　　　址：http：//www.dufep.cn

读者信箱：dufep @ dufe.edu.cn

大连永盛印业有限公司印刷

幅面尺寸：170mm×240mm　字数：163千字　印张：12　插页：1
2020年6月第1版　　　　2020年6月第1次印刷
责任编辑：李　彬　周　慧　责任校对：慧　心
封面设计：冀贵收　　　　版式设计：钟福建

定价：45.00元

"东北财经大学'双一流'建设项目
高水平学术专著出版资助计划"资助出版

序

改革开放40多年来，中国经济持续稳定增长，创造了举世瞩目的"中国奇迹"。在"新兴"与"转轨"双重背景下，制度的变迁在经济增长过程中扮演着重要角色。学术界对于中国经济增长奇迹的一个共识是，计划经济体制向市场经济体制变迁、产权制度改革、分权制改革等制度变革极大地激发了市场主体的活力，创造了中国经济发展的奇迹。转型中的中国经济在高速发展的同时呈现另一个显著特点：区域间经济发展不平衡问题突出。一个值得学术界和理论界进一步讨论的问题是，不同地区间的制度差异如何影响经济绩效。现有研究从产权保护制度、契约执行制度、金融制度和司法制度等多个角度考察了正式制度在宏观经济发展中扮演的角色，但是对于在转轨经济体中非正式制度尤其是文化对经济绩效具有什么样的影响、这种影响的作用路径和内在机理是什么等问题考察较少，缺乏深入的研究。对于这些问题的回应迫切需要构建起与国际接轨而又适合中国情境的分析框架。基于上述理论与现实需要，张婷婷博士的《区域文化、管理者特质与企业资本配置效率》一书以中国转轨经济时期的基本特征为研究起点，对制度、管理者个人特质与经济绩效的关系进行了系统的理论梳理和分析，从微观经济主体——企业的视角出发，构建了区域文化这一非正式制度影响企业资本配置决策和经济绩效的理论分析框架，并利用中国上市公司数据进行了实证检验，得出了有价值的结论。全书从理论和实践上探索转轨时期区域文化对企业资本配置效率的影响后果及路径，以期为我国经济发展过程中区域经济发展不平衡问题提供一个制度视角的解释，具有较强的理论意义和现实价值。

纵观全书，我认为该书在以下两个方面具有较强的创新和贡献：

第一，通过考察区域文化对微观企业决策和资本配置效率的影响，为理解我国经济增长奇迹以及区域经济增长不平衡现象提供了一个全新的重要视角。制度在经济增长中扮演着重要的角色，我国经济当前处于新兴加转轨的特殊时期，由于正式制度的缺失和不完善，非正式制度作为正式制度的替代和补充，如何影响微观企业和宏观经济绩效，如何发挥制度作用提高企业资本配置效率和经济绩效是政策制定者和学者面临的一个重大课题。该书从区域文化视角考察企业资本配置效率的影响因素，研究具有创新性。

第二，在文化与经济绩效的相关研究中，国内外现有研究多从国家文化和企业文化两个角度来展开，而以一个国家内不同地区的区域文化为视角开展的研究还比较少。中华文化源远流长，中华民族在五千多年的历史进程中形成了差异明显、各具特色、绚丽多姿的区域文化。与此同时，改革开放40多年来，我国经济发展与地区经济差异格局的形成，为研究文化与企业资本配置效率和经济绩效的关系提供了天然试验场。张婷婷博士准确捕捉了这一研究视角，从微观角度考察区域文化对企业层面资本配置效率的影响，提供了解释区域经济不平衡发展的微观证据，对理解新常态下我国经济发展中的诸多问题提供了新的认识。

张婷婷博士是我指导的博士研究生，在对外经济贸易大学攻读博士学位期间，她对制度与公司治理这一领域产生了浓厚的研究兴趣，同时也阅读了该领域的大量文献，在理论和文献积累的基础上结合中国特殊的制度背景进行思考，形成了个人的研究想法。博士毕业后，她进入东北财经大学从事教学和科研工作，并进一步深化了该领域的研究，其研究成果相继发表在《会计研究》《中山大学学报》等期刊上，并获得国家自然科学基金青年项目的资助，研究成果具有连续性。在该书出版之际，我由衷地为她取得这样的成绩感到高兴，同时希望她能够在未来的学术道路上不懈耕耘，取得更大的收获。

对外经济贸易大学副校长

会计学教授

张新民

2019 年 9 月于北京

前　言

　　改革开放以来，我国经济持续稳定增长，取得了一系列举世瞩目的成就。计划经济体制向市场经济体制的转变极大地激发了市场的主体活力，为经济发展提供了动力。制度的变迁极大地促进了中国经济的发展这一结论已成为理论界的共识。但是在这一过程中，学者们更多地将研究重点聚焦于正式制度的变革与经济增长之间的关系上。在"新兴"加"转轨"的双重背景下，由于正式制度的缺失和不完善，非正式制度作为正式制度的替代和补充，对经济绩效产生重要影响。因此，深入分析非正式制度对经济增长和经济绩效的作用对全面理解我国经济的发展至关重要。

　　制度经济学理论充分论证了制度对经济发展的作用，制度在宏观层面上是决定经济增长的关键性要素，那么从微观层面来看，制度必然会影响微观企业的资本配置效率和经济绩效。本书充分融合经济增长理论及制度经济学、社会学、财务和会计学等学科知识，在对制度影响经济绩效和经济增长的理论进行梳理的基础上，利用中国上市公司数据，实证检验了区域文化这一非正式制度对微观企业资本配置效率的影响。在此基础上，进一步分析了非正式制度影响企业资本配置效率的作用路径和机理。具体而言，本书的主要研究内容和结论如下：

第一，改革开放40多年来，我国经济在持续增长的同时，一个突出的问题就是区域经济发展不平衡。本书系统地梳理了我国区域经济发展不平衡的现状和特点，同时对制度影响经济增长相关理论进行回顾和分析，以期为本书的实证研究部分奠定坚实的理论和现实基础。

第二，本书基于微观视角，考察了在经济转轨时期正式制度存在缺陷和不足的情况下，区域文化这一非正式制度对微观企业的资本配置效率的影响。具体从企业商业信用使用情况、现金持有水平、社会责任承担和创新效率四个方面展开，以GLOBE①文化习俗的九个维度（绩效导向、恃强性、未来导向、人际关怀导向、集体主义、小团体集体主义、性别平等、权力差距和不确定性规避）来衡量区域文化特点，进而考察不同地区的区域文化对企业资源配置效率产生的影响。研究发现，区域文化对企业资本配置效率具有显著影响，从而验证了非正式制度对经济绩效和经济增长的微观机制。

第三，在研究区域文化对企业资本配置效率影响的基础上，本书进一步考察了这种影响的作用路径和机理。作为一种非正式制度，区域文化奠定了人们的认知基础，建立了群体成员共享的价值观、信念和社会规范等。社会规范能够对人的行为产生影响，人们都愿意使自己的行为与社会中其他成员的行为保持一致，据此来避免因为违反社会广为接受或者认为正确的规则、价值观或者信念而受到处罚。企业在经营的过程中受到两类主体的文化影响：一类来自企业所在地的区域文化；另一类来自企业主要决策者——高级管理者的个人文化特质。这两种文化相互碰撞，最终如何影响企业决策和资本配置效率是本书研究的第二个问题。实证检验结果发现，由于企业管理者在决策中发挥重要作用，当管理者个人文化特质与企业所在地的区域文化不一致时，企业所在地的区域文化不再发挥显著影响。

① GLOBE是全球领导和组织行为有效性（Global Leadership & Organizational Behavior Effectiveness）首字母的缩写。

　　最后，本书在理论分析和实证检验的基础上对研究问题和结论进行总结并提出未来研究的展望。

张婷婷

2019 年 9 月于大连

▌目录

1 引言

1.1 研究背景与研究意义

1.1.1 研究背景及问题的提出

改革开放40多年来，中国经济保持持续增长，已经成为世界第二大经济体。理论界对于中国经济快速稳定增长的一个普遍共识是，改革开放以来，中国的制度变迁极大地促进了中国经济的发展和增长。计划经济体制向市场经济体制变迁、产权制度改革、分权制改革等制度变迁极大地激发了市场主体的活力，创造了中国经济发展的奇迹。转轨中的中国经济在保持持续增长的同时呈现出一个显著的特点：不同地区的经济发展不平衡问题愈发突出。一个值得学术界和理论界进一步讨论的问题是，不同地区间制度的差异如何影响地区间经济主体的决策并最终影响区域经济的增长。

新制度经济学在其发展过程中始终坚持认为制度是重要的，并且是能够进行分析的（Mathews，1986）。North（1990）和Williamson（2000）认为，制度是一种人为设计的社会博弈规则，用于界定社会个体间的相互关系和行为范式，包括正式约束（法律、规则和契约等）、非正式约束（价值信念、伦理规范、道德观念、风俗习惯和意识形态等）以及实施框架。现有文献从多个角度证实了正式制度对经济的影响，例如，法律对金融发展的影响，法律对企业融资能力与融资成本的影响以及法律对公司治理的影响等（La Porta等，1997、1998、1999、2000）；经济运行周期对企业资本结构的影响（Korajczyk和Levy，2003）；货币政策对企业投资决策的影响（Beaudry等，2001）；利率政策对权益资本成本的影响（Bernanke和Kuttner，2005）等。相较于正式制度的丰富研究成果，学术界对非正式制度如何影响企业行为及其影响路径的研究起步较晚。但近年来，此类研究逐渐得到重视并迅速发展，方兴未艾。

科斯于1937年提出了"交易费用"的概念，交易费用的存在，使得不同制度的存在是必要的，因为如果交易费用为零，那么什么制度都无所谓（张五常，2008）。制度作为社会整体规则，对个体行为起影响、支配和约束的作用（李雪灵等，2012）。制度建立了生产和分配等经济活动的基本规则（North，1990），是降低经济交易不确定性和交易成本的必要手段（Davis、North，1971）。作为构成制度的两个方面，正式制度与非正式制度相互作用、相辅相成，共同作用于社会经济的运行。正式制度通过制定法律法规及各种规则，直接对经济活动进行约束和影响；非正式制度则通过道德观念和文化观念等影响经济活动的价值取向。一方面，一个社会的文化传统、价值信念等非正式制度是正式制度存在的前提和基础，直接影响正式制度的制定，执行及变迁（Williamson，2000）。另一方面，正式制度又会反过来影响非正式制度的演变。二者只有在相互融合、相互契合的条件下才能各自更好地发挥作用，促进经济的发展。甚至有观点认为，非正式制度往往比正式制度更能决定经济增长和社会发展水平，如果不考虑非正式制度的安排，正式制度的存在将没有任何意义（李雪灵等，2012）。综上，非正式制度对于经济运行具有重要影响。微观企业是社会经济的一个重要组成部分，非正式制度将如何作用于微观企业，并对其决策和行为产生影响？

对这一问题的回答有利于我们更加深刻地理解非正式制度对经济的影响及其机理，因此，实证检验非正式制度对微观企业决策的影响至关重要。

文化是一种被普遍接受的价值观和信念，并且这些价值观和信念会代代相传。那么作为非正式制度的一个重要方面，文化这种宏观的制度会如何影响微观企业的行为，进而对社会整体经济产生影响？已有研究表明，人们的思维和行为方式体现着所在社会文化的深刻烙印，文化特质不可避免地影响着经济活动的方方面面（Schwartz，1994；Hofstede，1980），文化对当代经济和金融体系的发展具有重要影响（Eun、Wang 和 Xiao，2015；Li 等，2016）。同时文化也在更微观的层面上发挥作用，文化对于企业经营活动及投资活动具有重要影响（张莉和曹蔚然，2003；Ahern、Daminelli 和 Fracassi，2015）

这些研究实证证实了作为一种非正式制度，文化对企业行为确实具有显著的影响。然而，文化是多方面的，可以区分为国家层面的文化、地区层面的文化及企业层面的文化等，目前对于文化对企业行为的影响的研究一般从国家文化层面或企业文化层面出发，研究不同国家间的文化差异如何影响企业行为以及不同的企业文化如何对企业决策产生影响。但是，鲜有研究关注一个国家中不同地区之间的文化差异。一个国家间不同地区在经济发达程度等方面往往存在着显著差异，理解文化作为一种非正式制度如何作用于企业活动并对区域经济产生影响，对我们明晰区域经济差异的影响因素并据此提出改进措施具有重要意义。

中国是一个具有五千多年历史的文明古国，在历史发展的长河中，中国人民的行为和思考方式深深地打上了中华文化的烙印，文化对中国人处事方式的影响根深蒂固。除了共享普遍的文化外，由于地理环境、人口、语言、宗教和经济发展程度等因素的影响，我国各地区在发展的过程中形成了自己独特的地区文化并且不同地区的文化存在较大的差异。首先，我国各地区自然环境相差较大。与俄罗斯和美国等地形相对单一的大国不同的是，我国不仅国土面积广大，同时地形变化显著，主要包括盆地、平原、丘陵、高原、沼泽和沙漠等，形成了地势总体上西高东低的三级阶梯地形。另外，在地形和纬度的共同作用下，我国各地区气候变化也非常显著，从东部沿海地区的海洋气候到内陆地区的大陆性气候再到高山气候。不同的地形和气候组合决定了不同地区人们的生活方式，奠定了文化差异形成的基础，在长期的发展过程中不同地区孕育了不同的文化。其次，中国是一个多民族的统一国家，不同民族具有不同的文化特点，民族特征在塑造地区文化过程中发挥了重要的作用。再次，在中国，不同的地区有不同的方言，以地域划分的方言有八种，分别为官话方言、吴语、湘语、赣语、客家话、粤语、闽语、晋语。而各种方言分类下还有更加细致的划分，比如在湖南某些山区，每隔一座山，山两边的人们使用的方言就有不同。在人口流动小的时期，这些特殊的方言进一步促进了区域文化的形成和固化。最后，宗教也是导致中国区域文化差异的一个重要因素。基督教、佛教、伊斯兰教、天主教、道教等在我国各地区分布各不相同，对人们的信念、行为和价值观产生直接而重要的影响（Berry 等，1992）。这些分析从理论上指出了中国区域文化差异的客观存在，赵向阳等（2015）也通过实证检验证明了我国各地区文化差异的存在。综上所述，虽然中国是一个统一的国家，但各地区文化差异巨大，因此用一种单一的指标来衡量不同地区的文化是不恰当的，应该对各地区文化进行区分。

中国经济整体增长是由微观企业绩效的提升构成的，宏观经济数据来源于微观经济个体的汇总，因此，要全面理解制度对地区经济增长的全面效果，仅仅总括性地观察宏观经济是不够的，还必须聚焦宏观经济中的行为主体——微观企业层面的绩效和资源配置。在这一领域，学者们主要关注正式制度的变迁对经济绩效的影响。虽然已有研究取得了丰硕的成果，但这一研究范式却忽略了非正式制度对经济绩效的影响。经济转轨时期，由于法律、产权制度和契约等正式制度的缺失和不完善，非正式制度在我国市场经济运行中发挥重要作用，在一定程度上可以作为正式制度的补充甚至替代正式制度发挥作用。了解非正式制度如何影响企业绩效和资源配置，应当是制度研究不可或缺的部分。

基于上述理论研究和现实制度背景需求，本书从微观层面企业资本配置效率的视角，运用经验研究的方法，重点分析区域文化、管理者特质与企业资本配置效率三者之间的逻辑关系，以期为现有研究做出增量贡献，同时为政府部门制定政策提供参考。

1.1.2 研究意义

中国改革开放 40 多年以来的经济增长奇迹和独特的制度文化背景为我们考察和理解文化这一非正式制度对经济绩效和企业行为的影响提供了天然的不可多得的例证。本书融合会计学、经济学、社会学等多学科知识，采用科学的研究方法，基于我国独特的区域文化特征和系统的理论分析框架，实证考察了区域文化差异对企业资本配置效率的影响，并在此基础上进一步探析这种影响的作用路径。本书的研究具有重要的理论意义和现实价值，具体体现在以下三个方面：

首先，制度变迁和制度安排在我国经济发展尤其是区域经济发展中扮演着怎样的角色，这个问题一直是学术界探讨的热门话题。然而现有研究主要从政府治理、法制环境、金融环境等正式制度的视角出发探析二者的关系，较少有研究从文化的视角考察非正式制度对宏观经济中的行为主体——微观企业资源配置效率的影响。在"文化与金融"研究领域，现有研究视角主要聚焦于国家层面的文化和企业层面的文化。对国家层面文化的探讨主要采用跨国研究方法，这类研究的一个重要问题是样本企业来自于不同的国家，它们面临着不同国家的经济环境、社会环境、政治环境、税收制度、法律制度等，这就可能产生一个重要的问题——遗漏变量问题。虽然这些文章都在模型中加入了多个控制变量，但是仍然不能完全解决遗漏变量的问题。本书研究的样本来自于同一个国家，这些公司面临相同的政治经济环境，受到相同的正式制度约束，因此，本书研究不存在遗漏变量的问题，这增加了本书研究的信度。关于企业层面文化如何对企业决策施加影响的研究是在一个更微观的层面上对文化进行探讨。然而现有文献鲜有研究一个国家内不同区域间文化的差异对企业决策的影响。本书的研究填补了这一空白，从一个新的视角探讨了文化对企业资源配置效率的影响。

其次，本书的研究有利于更清楚地理解中国经济转轨的现实。第一，作为一个新兴市场国家，由于法律、产权制度和契约等正式制度的缺失和不完善，非正式制度必然在经济发展中发挥重要作用。本书从区域文化的视角出发，探讨区域文化如何作用于微观经济主体，影响企业的资本配置效率并进一步影响区域经济发展。研究有助于我们理解转轨时期我国上市公司的行为动机，更清楚地理解中国转轨经济的现实，也为当前经济的发展提供了进一步的实证支持。第二，在经济转轨时期，由于正式制度的缺失和不完善，文化作为一种非正式制度可能替代正式制度发挥作用，影响企业的决策行为。因此，厘清正式制度与非正式制度的互动机制，有助于发挥文化这一非正式制度的积极作用，同时也为相关部门完善正式制度的建设，发挥正式制度作用提供依据。本书的研究结论为政策制定者更好地设计正式制度提供经验证据。

最后，我国各区域间的文化差异是客观存在的，而现有研究鲜有涉及区域间的文化差异对不同地区企业资本配置效率的影响。本书的研究丰富了现有文献，使得利益相关者能够更好地理解企业行为决策，也为后续研究奠定基础。

1.2   研究的主要内容及创新点

1.2.1   研究的主要内容

在当前转轨经济时期，中国企业的经营行为受到区域文化这一非正式制度的重要影响，同时管理者个人特质也在一定程度上对企业资源配置施加影响。基于国内外研究现状和制度背景，本书详细分析和考察了区域文化差异对企业行为和资本配置效率的影响。本书内容共分为10章。第1章和第2章是引言和文献综述。第3~5章阐述我国区域文化发展历程，同时进行理论分析，以构建本书的理论分析框架。第6~9章是实证检验部分，分别从商业信用、现金持有水平、社会责任承担和创新等角度实证检验了区域文化对企业资本配置效率的影响并进一步分析这一影响的作用路径。第10章是研究结论。本书具体研究内容如下：

第1章介绍了本书研究背景及意义、研究的主要内容、研究框架和方法以及研究的创新之处。

第2章梳理了国内外文化对企业资本配置效率影响以及管理者特质

对企业决策作用的文献。通过对现有文献的综述发现，从区域文化视角探讨制度对经济增长和经济绩效的影响并进一步分析其影响路径和机理是必要的。

第3章在对现有制度与地区经济增长的制度经济学文献分析的基础上，从制度、管理者个人特质与经济绩效的视角构建起区域文化对企业资本配置效率影响的分析框架。在该理论分析框架内，企业管理者在决策过程中面临两类文化约束：一类来自企业所处企业的区域文化，这一文化通过习俗、信仰等将企业的员工、合作伙伴、客户等单个的个体联结成彼此联系的有共同价值观念的群体，同时区域文化也塑造了该区域内通用的社会规范。一方面，区域内成员共享的价值观和社会规范会作用于企业决策，影响资本配置效率。另一方面，企业决策同时面临来自管理者个人的文化约束。另一类来自"高阶理论"，该理论指出，管理者的经历、价值观、认知风格会影响他们的决策进而影响公司资本配置效率。作为企业经营决策的重要制定者，高管个人的文化特质必然对其决策产生影响。

第4章从历史进程角度梳理了我国区域文化变迁的历程和现状以及我国不同地区经济发展与变革情况，并进一步分析了区域经济发展中的文化因素。

第5章介绍了本书相关的文化背景和理论分析，系统地阐述了区域文化形成的过程与影响因素。同时对现有的文化理论及管理者特质影响企业决策的理论进行梳理和分析，以期为本书的实证研究部分奠定坚实的理论基础。

第6章为区域文化、管理者特质与企业商业信用。该章以2010—2014年我国沪深两市A股上市公司为样本，从区域文化的不确定性规避程度和特强性（Assertiveness）两个角度考察了区域文化对企业商业信用使用情况的影响。该章分别用应收款项比率、应付款项比率和商业信用净额比率三个指标来衡量企业商业信用的使用情况。实证研究结果表明，区域文化特征对我国上市公司商业信用的使用具有显著影响，具体表现为：地区文化的不确定性规避程度越高，境内上市公司要求获得的商业信用数量越多，即应付款项比率越高，相反，如果一个地区文化的不确定性规避程度越低，境内上市公司对外提供商业信用的数量越多；一个地区文化的恃强性越高，则境内上市公司对外提供商业信用的水平越高。进一步，本章检验了区域文化对企业商业信用使用产生影响的路径，研究发现，当CEO个人文化特质与区域文化一致时，区域文化对企业商业信用的使用情况具有显著影响，而当CEO个人文化特质与区域文化产生冲突时，CEO个人的文化特质对企业决策的影响力更大，导致区域文化对商业信用的影响不再显著。

第7章检验了区域文化对企业现金持有水平的影响和作用路径。通过对2010—2014年我国上市公司的样本进行研究，我们发现，区域文化特征对我国上市公司现金持有水平具有显著影响，具体表现为：一个地区的文化越倡导未来导向，该地区的上市公司越愿意持有更多的现金以应对未来需要；同时一个地区的文化越强调集体主义，该地区的上市公司越愿意持有更多的现金。进一步，本章检验了区域文化对企业现金持有水平产生影响的路径，结果表明当CEO个人文化特质与区域文化一致时，区域文化对上市公司现金持有水平具有显著影响，而当CEO个人文化特质与区域文化产生冲突时，区域文化对上市公司现金持有水平的影响不再显著。

第8章以上市公司承担社会责任为视角，分析了区域文化对企业资本配置效率的影响后果及影响路径。该章以润灵环球责任评级披露的中国上市公司社会责任报告评价得分来衡量企业社会责任承担情况，实证结果表明，区域文化特征对我国上市公司社会责任表现具有显著的影响，具体表现为：地区文化的权力差距维度与企业社会责任表现负相关；地区文化的绩效导向维度与境内上市公司社会责任表现负相关；地区文化的性别平等维度与境内上市公司社会责任表现正相关。进一步，本章检验了区域文化对企业社会责任承担情况产生影响的路径。区分CEO文化特质后发现，当CEO个人文化特质与区域文化一致时，区域文化对上市公司社会责任表现仍然具有显著影响，而当CEO个人文化特质与区域文化产生冲突时，区域文化特征对境内上市公司社会责任表现不再具有显著影响。

第9章是区域文化、管理者特质与企业创新效率，实证检验了区域文化对企业创新效率的影响后果及作用路径。结果表明，区域文化特征对我国上市公司创新效率具有显著的影响，具体表现为：区域文化中的未来导向维度对企业创新效率具有显著的正向影响。进一步，我们探讨了企业高管个人的文化特质对区域文化与企业创新效率之间关系的影响。结果发现，当企业CEO的文化特质与企业所在地文化一致时，区域文化对企业创新效率产生显著影响。而当CEO身上承载的文化与公司所在区域文化不一致时，地区文化对企业创新效率的影响不再显著。

第10章为全书总结，包括本书的研究结论、研究贡献和局限以及未来的研究方向。

1.2.2 研究的创新之处

与以往研究相比，本书在以下几个方面存在创新：

首先，本书利用中国各地区文化存在差异的这一客观现实特征，从区域文化这一视角出发，研究了区域文化对企业行为的影响。现有关于文化的研究多从国家层面文化或是企业层面文化的角度出发，忽略了二者中间层次的文化——区域文化特征对于企业行为的影响，本书正是从这一视角出发研究区域文化差异对企业行为决策的影响，拓展了现有文献。另外，以往关于文化的研究多采用跨国研究的方法，这些样本企业来自不同的国家，面临不同的政治环境、经济环境、社会环境、正式制度环境等，这就可能产生一个重要的问题——遗漏变量问题。本书以中国A股上市公司为样本，这些公司面临相同的政治、经济等环境，这就避免了以往跨国研究中可能存在的遗漏变量问题，使得我们的研究结论更加可靠。

其次，本书从文化角度证实了非正式制度对经济的影响。当前，我国处于转轨经济的重要时期，在新兴加转轨经济体中，由于正式制度的缺失和不完善，非正式制度作为正式制度的替代和补充，对经济的影响尤为重要。我国国土面积广大，各地区文化存在客观显著的差异，作为非正式制度的一个重要方面，不同地区的文化差异将如何体现于企业决策及企业行为？对这一问题的研究将进一步明晰非正式制度对经济的作用和影响。

最后，本书探讨了企业高管特质如何调节区域文化与企业决策的关系。文化是一种被普遍接受的价值观和信念，公司高管身上承载了其自身的文化特质，其与公司所在地的文化如何相互作用并影响企业行为？本书对这一问题进行了探讨。对这一问题的回答一方面进一步检验了文化对企业决策的影响，另一方面验证了高管个人特质对企业决策的影响。对企业高管个人特质对企业行为影响的研究，现有文献多从高管个人人口统计学特征或心理特征等角度出发，鲜有研究探讨高管个人文化特质对企业行为的影响，本书的研究填补了这一空白，丰富了现有文献。

1.3 研究方法、研究框架与创新

1.3.1 研究方法

本书将综合运用制度经济学、社会学、公司财务学、会计学等学科的相关理论进行学科交叉研究，同时采用定性研究与定量研究相结合的方法，在文化背景与文献归纳整理的基础上，建立理论模型进行实证分析。主要研究方法如下：

（1）基于制度经济学、社会学、公司财务学和会计学等相关理论的定性分析法和建模分析法，即本书将根据相关理论，对区域文化影响企业资本配置效率的动因、后果及作用路径进行定性分析，尝试从理论上构建区域诚信文化影响企业财务行为关键路径的理论模型。

（2）基于计量经济学的建模分析法，即本书将根据理论建模和定性分析结果，应用计量经济学的分析方法，分别建立区域文化影响企业资本配置效率的实证模型、企业管理者个人文化特质的调节效应比较模型以及区域文化影响企业资本配置效率实现路径的实证模型。

（3）比较分析方法，即本书采用比较分析方法研究区域文化是否会导致不同地区的企业资本配置效率产生差异，并对这些差异产生的原因展开分析，为深入考察区域文化与企业财务行为之间的关系提供借鉴。

本书的研究技术路线分为如下 11 个步骤：①文献研究→②确立研究框架→③定性分析→④理论和模型研究→⑤提出研究假设→⑥选用研

究方法→⑦选择样本和收集整理数据→⑧开展实证研究→⑨分析实证研究结果→⑩归纳形成结论→⑪分析和提出政策建议。

1.3.2 研究框架

本书基本的研究思路是，首先对文化、管理者特质与企业资本配置效率的相关文献进行梳理和综述。在此基础上，依据相关理论，基于我国不同地区文化差异及区域经济发展差异，实证检验区域文化对企业资本配置效率的影响并进一步探析区域文化的作用路径。最后，对全书进行总结并提出未来研究展望。具体研究框架如图1-1所示。

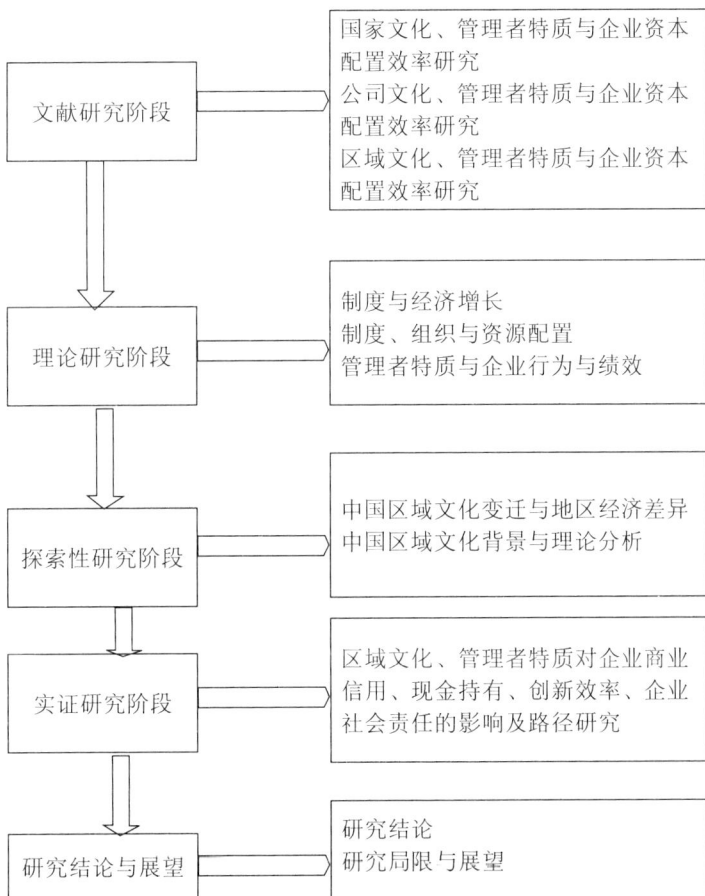

图1-1 本书研究框架图

2 文化、管理者特质与企业资本配置效率的文献综述

本书从区域文化出发，从宏观经济中的行为主体——微观企业资本配置效率的视角出发，考察制度对经济增长和经济绩效的影响，进一步，本书检验了管理者个人文化特质对上述二者关系的影响。因此，本章分别对国内外文化与企业行为及资本配置效率关系及管理者特质与企业决策相关的研究进行回顾和总结。

2.1 国外相关文献综述

近年来，文化逐渐受到国外研究者的重视，该领域的文献也不断丰富。国外关于文化的研究主要从两个层面展开，分别是国家文化层面和企业文化层面。关于高管个人特质对企业决策的影响，国外文献主要从两个角度进行研究，分别是高管个人人口统计学特征和心理特征。在本部分中，我们也将从这几个方面展开回顾。

2.1.1　国家文化对企业行为的影响

关于国家文化对企业行为影响的文献，国外学者主要研究了国家文化对企业管理、企业营销、会计及金融等领域的影响。在这一部分中，我们主要回顾国外研究中关于国家文化如何影响企业会计和金融行为的文献。

（1）文化对会计信息披露的影响

Guan 等（2005）利用澳大利亚、日本、中国香港、马来西亚和新加坡等五个亚太地区的国家和地区的公司为样本，首次将文化因素与企业盈余管理行为联系在一起，探讨了文化对企业会计信息披露行为的影响。研究表明，文化因素可以解释不同国家的盈余管理行为的区别，证明文化对企业会计信息披露具有一定影响。Han 等（2010）采用 Hofstede（1980）的文化维度，研究了不同国家间的文化差异对各国公司盈余管理行为的影响。研究发现，文化维度中的个人主义（Individualism）与企业盈余管理强度正相关；而文化维度中的不确定性规避程度与企业盈余管理强度负相关。Guan 和 Pourjalali（2010）在 2005 年研究的基础上，将研究的区域拓展到了 27 个国家和地区，结果发现一个国家或地区的不确定性规避程度会降低该地区企业的盈余管理水平。而其他文化维度，例如个人主义、权力差距及男权主义也对企业盈余管理行为产生重要的影响。该研究进一步印证了 Guan 等（2005）的研究结论，证实了文化作为一种非正式制度因素对企业会计信息披露行为具有显著影响。

上述研究均以 Hofstede 20 世纪 80 年代的文化维度作为衡量标准，随着时间的推移以及对文化研究的深入，Hofstede 对文化的衡量也在发生变化。Callen 等（2011）以 Hofstede 等人关于文化的最新研究成果来衡量文化，并实证检验了文化对企业盈余管理的影响，研究表明，文化的个人主义维度对企业盈余管理水平具有负向影响，而文化维度中的不确定性规避程度与企业盈余管理水平正相关。同时，在这篇文章中，作者进一步检验了 Leuz 等（2003）关于国家法律环境对企业盈余管理行为影响的结论。Leuz 等（2003）的研究证实了法律环境对企业盈余管理水平具有重要影响，而 Callen 等（2011）的研究在控制了地区文化因素后发现，法律环境对企业盈余管理水平并没有显著的影响，这说明法律环境对企业盈余管理行为的作用源于文化，这一结论进一步验证了文化作为一种非正式制度在塑造企业行为时发挥的重要作用。Li 等（2016）以中国各地区酒水消费水平作为文化的衡量标准，探讨了在中国这类正式制度不完善的新兴经济体中，文化作为一种非正式制度如何作用于实体经济。研究发现，公司 CEO 家乡所在地区的酒水消费水平越高，该公司进行盈余管理的可能性越大。

（2）文化对企业投融资行为的影响

Chui 等（2002）采用跨国研究的方法，以 22 个国家的 5 591 个公司为样本研究了国家文化对公司资本结构的影响。研究表明传统研究中的国家制度等因素并不能完全解释不同国家公司资本结构的差异，国家间文化差异对企业资本结构有着重要影响。具体表现为，一个国家的文化越保守，该国的公司负债比率越低；一个国家的文化越强势，该国的公司负债比率越低。作者在考虑了不同国家的经济发展水平、法律制度、金融制度等因素后，该结论依然成立。Beugelsdijk 和 Frijns（2010）以国际资本分配中的国内外偏差问题为起点，研究了文化对于投资的影响。文章研究了 26 个国家的共同基金在 48 个国家间的投资情况，结果表明，一个国家文化中的不确定性规避程度越高，基金公司对国内投资的比例越高，其境外投资比例越低；一个国家文化越强调个人主义，该国对国外投资的比例越高，其投资的国内外偏差越小。进一步，该研究发现国家间文化差异与国内外投资偏差显著正相关，国家间的文化差距越小，投资者境外投资的比例越高，国内外投资偏差越小。Siegel、Licht 和 Schwartz（2011）研究了国家文化中的平等主义（Egalitarianism）对跨国投资的影响，结果表明平等主义对跨国债券及股份发行、贷款及跨国并购具有重要影响。Larolyi（2016）的研究也证实了文化差异对境内外投资偏差具有重要影响。Bottazzi 等（2016）选取了欧洲 15 个国家的 750 个风险投资公司并以此为样本研究了社会信任对投资的影响，结果发现一个国家的社会信任程度对投资具有显著的正向影响。

（3）文化对公司并购的影响

Dow 等（2016）探讨了文化对跨国并购的影响，作者以1995—2012年59 092起跨国并购案例为研究对象，这些跨国并购的并购方来自67个不同的国家，而被并购方来自69个不同的国家。研究发现并购方与被并购方的文化差异及并购方国内的文化多元化程度均会对跨国并购结果产生显著影响。研究结果具体表现为：①当并购方与被并购方所在国家的语言差异越大时，并购方在合并后的企业中所占的股权比重越低；并购方与被并购方所在国家的宗教信仰差异越大时，并购方在合并后的企业中所占的股权比重越低。②在跨国合并中，如果并购方本国国内语言差异越大，并购方与被并购方语言差异与合并后并购方所占股权比例的负向相关关系越显著；在跨国合并中，如果并购方本国国内宗教信仰差异越大，并购方与被并购方宗教信仰差异与合并后并购方所占公司股权比例的负向相关关系越显著。Ahern、 Daminelli 和 Fracassi（2015）采用跨国研究的方法，探讨了国家文化对跨国并购的另外两个方面——并购数量和并购后的协同回报的影响。文章从信任（Trust vs. Distrust）、社会等级（Hierarchy vs. Egalitarianism）和个人主义（Individualism vs. Collectivism）三个维度来衡量一个国家的文化，研究结果表明，并购方与被并购方所在国家的文化差异越大，跨国并购成功的数量越少，反之，并购方与被并购方所在国家的文化差异越小，跨国并购成功的数量越多；并购方与被并购方所在国家文化差异越小，并购交易带来的协同回报越高，并购方与被并购方所在国家文化差异越大，并购交易带来的协同回报越低。Morosini、 Shane 和 Singh（1998）以1987—1992年52起跨国并购事件为案例，研究了文化差异对并购后企业绩效的影响，结果表明，并购方与被并购方所在国的文化差异越大，并购后企业的业绩越好。

（4）文化对公司治理的影响

Stulz 和 Williamson（2003）的研究表明相较于国际贸易开放程度、语言、人均收入和法律起源等因素，一个国家的宗教信仰对其境内公司投资者保护程度的影响更为显著。具体表现为信仰天主教的国家其投资者保护力度比信仰新教的国家投资者保护力度更大。Daniel、

Cieslewicz 和 Pourjalali（2012）的研究发现国家间文化差异对公司治理实践具有重要影响。Griffin 等（2015）基于一个全新的公司治理数据库，探索了不同国家间公司治理实践存在巨大差异的原因，研究发现国家文化维度中的个人主义与公司治理水平正相关，即一个国家的文化越强调个人主义，该国的企业公司治理水平越高；国家文化维度中的不确定性规避程度与公司治理水平负相关，即一个国家的文化对不确定性的容忍程度越高，则该国企业的公司治理水平越低。Braguinsky 和 Mityakov（2015）从一个特殊的视角——一个国家内的跨国公司对本土公司的文化影响——研究了文化的透明程度对公司行为的影响。研究通过对俄罗斯境内的跨国公司和本土公司之间的文化差异进行比较，发现与跨国公司有密切关联的本土公司，其职工工资报告的透明程度更高；在本土公司中，如果有员工之前曾在跨国公司任职，那么与这些员工有密切关联的员工在进行工资报告时，工资报告的透明程度更高。进一步的研究发现这种影响主要通过文化途径进行作用，文章的结果表明文化对公司行为具有重要影响。

（5）文化对企业其他行为的影响

除了上述几个方面，现有文献还研究了不同国家间的文化差异对企业合规行为、市场反应等方面的影响，具体阐述如下：

Mcguire 等（2012）探讨了宗教信仰对企业社会责任承担的影响，结果发现二者之间存在显著的负相关关系，即一个国家的宗教信仰越普遍，该国的企业社会责任指数越低。Grullon、Kanatas 和 Weston（2010）探讨了宗教对企业违规行为的影响，结果发现在宗教信仰普遍的国家，境内企业进行盈余管理、对高管过度激励、企业被诉讼等违规行为的可能性越低。Hua 和 Wei（2016）探讨了国家层面的文化维度对股票交易量与价格波动之间关系的影响，结果表明在个人主义与男权主义强烈的国家以及权力差距较小的国家，股票交易量与价格波动之间关系更显著。De Backer、Heim 和 Tran（2015）研究了在美国有经营活动或收入的外国企业，其本国的腐败文化对其在美国避税行为的影响。结果表明外国企业所有者所在国家的腐败文化越盛行，其公司在美国进行税收规避的可能性越大。进一步的研究发现，在美国政府施行一系列政策以减少避税行为后，其所有者所在国家腐败程度比较高的公司在美国的避税程度降低得比较少，这一结果表明文化对法律执行有重要影响，进一步印证了非正式制度对正式制度的影响。Eun、Wang 和 Xiao（2015）研究了国家层面的文化对股价同步性的影响。研究主要考察了文化的两个维度——文化自由程度和个人主义对上市公司股价同步性的影响，结果表明文化自由程度越低以及个人主义倾向越低的国家，股价同步性水平越高。作者进一步探讨了文化影响股价同步性的途径，结果表明文化通过影响投资者交易行为的同质性及国家层面的信息环境来影响股价的同步性。Ashraf、Zheng 和 Arshad（2016）研究了国家文化对银行风险承受能力的影响，结果表明，在个人主义倾向越高、不确定性规避程度越低以及权力差距越小的国家，银行的风险承受能力越强。

2.1.2　企业文化对企业行为的影响

国家层面的文化在宏观上影响人们的思考方式进而影响企业行为，而企业层面的文化在相对微观的角度作用于企业，影响企业管理者及员工的决策。企业文化是植根于组织内部的特定的价值观和基本信念，这种价值观和信念为组织提供行为准则并指导组织的活动和行为。因此，企业文化对企业决策具有十分重要的影响。现有文献从多个角度探讨了企业文化对企业行为的影响。

企业文化是组织中成员间相互交流时所遵循的规则，这些规则是不能够用语言或文字表达出来的，而是在企业发展过程中潜移默化地形成的（Cremer，1993）。企业文化是组织中成员们共享的规范和价值观（O'Reilly 和 Chatman，1996），在组织成员进行合作时为其提供规则。文化是企业中员工们共享的价值观和规范，这种共同的价值观和规范必然影响员工的日常行为及决策，进而对企业行为产生影响，拥有不同价值观的企业在决策时会体现出不同的风格。

Guiso、Sapienza 和 Zingales（2015）探讨了企业文化对公司业绩的影响。作者首先从最直观的角度——企业自己宣扬的企业文化来检验企业文化对公司业绩的影响。在对 2011 年标准普尔 500 的企业网站进行检索后，作者利用文字分析的方法搜索出各个企业宣扬及倡导的企业文化，并将这些文化进行分类进而检验其对公司业绩的影响，结果发现，这些文化因素对企业业绩并没有显著的影响。但是当作者使用GPTWI数据库中关于员工对企业管理者诚信度的调查问卷来衡量企业文化时则发现，如果员工认为企业高管是诚实可信并且道德的，公司文化是诚信的，那么这些公司的业绩表现更好；相反，如果员工认为企业管理者是不道德、不可信的，那么这些公司的业绩表现更差。该研究证实了企业文化对公司业绩的影响并指出了这种影响的途径，即企业管理者个人风格奠定了企业文化基调，对企业文化的形成施加重要影响，进而影响了公司业绩。Griffin、Kruger和Maturana（2015）的研究指出公司高管个人道德标准会影响公司文化，如果一个公司的CEO或CFO在生活中具有不道德行为，这种个人的不道德行为会形成公司文化中的不道德标准，企业在进行决策时也会执行较低的道德行为标准进而出现更多不道德的行为。文章的实证检验证实了这一假设，发现如果一个公司的高管个人行为不道德，其所在公司更容易被诉讼，进行财务报表重述的可能性也越大。Davidson、Dey和Smith（2015）研究了CEO在工作场所之外的行为如何影响其管理行为。作者考察了CEO早前的违法行为及其生活节俭程度（用其拥有的奢侈品来衡量）对公司财务报告舞弊的影响。结果表明，如果一个公司的CEO曾经有过违法记录，那么该公司在进行财务报告时舞弊的可能性更高，但是一个公司的CEO在个人生活中的节俭程度与公司财务报告舞弊没有显著的直接联系。作者进一步分析指出，不节俭的CEO可能会使公司形成一种较为宽松的治理环境，进而导致其他内部人进行财务舞弊或者导致出现非故意的财务报告差错的可能性增大。文章的结论表明CEO个人特质可以影响公司整体文化，进而影响公司行为。Bereskin、Campbell和Kedia（2016）研究发现一个公司的文化越博爱，越注重慈善，公司的违规行为越少。Liu（2016）也研究了公司文化对企业违规行为的影响，作者从公司腐败文化的角度出发，发现企业文化对腐败的接受程度越高，企业进行投机行为的可能性越高，进而越可能进行盈余管理、会计欺诈、内部交易、期权回溯等违规行为。作者进一步研究发现企业文化影响企业行为的途径有两个：一是选择与企业文化相符的员工；二是企业文化对员工的直接影响。

Hilary 和 Hui（2009）以美国公司为样本，从宗教的角度探讨了企业文化对公司行为的影响。文章认为如果企业所在地的宗教氛围越浓厚，则企业整体文化越诚信、越平和，这种文化将对企业经营和投资等行为产生直接影响。研究结果表明，如果企业所在地区宗教文化氛围越浓，则企业风险越低，企业的投资率越低并且增长率越低，但是当企业宣布进行新投资时，市场的反应更加积极。文章进一步研究发现，企业 CEO 离职后更愿意选择与之前公司宗教氛围相似的新公司。Dyreng、Hanlon 和 Maydew（2010）从 CEO 变更的角度发现 CEO 的变更会在一定程度上改变企业整体的文化进而影响企业的避税行为。Chyz（2013）进一步证实了 Dyreng 等人的观点，发现如果一个公司的 CEO 更容易对个人所得进行避税时，那么公司也更容易进行避税活动，进一步表明个人价值观会影响企业文化进而影响企业行为。Biggerstaff、David 和 Puckett（2015）认为如果公司 CEO 能从公司期权回溯中获利，这些 CEO 就更有可能进行其他违规操作，那么这样的公司文化更不道德。这些文化不道德的公司更有可能为了调增盈余而进行财务欺诈，也更愿意建立私人公司以掩饰其财务欺诈行为，同时这些公司在进行并购时，市场反应更冷淡。文章进一步证实这些文化不道德的公司主要从外部聘请不道德的 CEO，这一结论进一步表明管理者个人特质在塑造公司文化方面发挥着直接而重要的作用。

2.1.3　管理者特质对公司决策的影响

新古典经济学理论假设市场主体是完全理性的，他们能够合理利用自己所搜集到的信息去估计不同结果的各种可能性，然后最大化其期望效用。在此假设下，新古典经济学理论认为管理者是同质的并且是可以相互替代的，因此，管理者个人特质并不会对公司生产经营及投融资决策产生影响（Weintraub，2002）。代理理论对新古典经济学的假设进行了一系列放松，认为管理者存在差异，但该理论认为通过监督及合同激励可以促使不同质的管理者做出相同的决策（Christensen 和 Feltham，2003），因此代理理论认为管理者个人特质会对公司决策产生极其有限的影响。

随着行为金融学等学科的发展，学术界越来越多地关注管理者之间的个体差异对企业的影响，已有研究在理论上和实证上证实了二者之间的联系。

Hambrick 和 Mason（1984）及之后的研究表明管理者个人特质对公司决策产生重要影响。Hambrick 和 Mason（1984）的"高阶理论"认为，管理者的经历、价值观、认知风格会影响他们的决策进而影响公司行为。"高阶理论"奠定了高管特质影响企业决策相关研究的基础，后续研究在此基础上进行了大量工作，证实了管理者特质对企业决策的影响。Bertrand 和 Schoar（2003）的研究表明，管理者固定效应对公司投资、融资等行为具有重要的影响。Bamber、Jiang 和 Wang（2010）从人口统计学的角度出发，研究了管理者职业背景、年龄、参军经历及MBA 学历对公司会计信息自愿披露产生的影响，结果表明管理者不同的信息披露风格与上述特质显著相关。Dyreng、Hanlon 和 Maydew（2010）发现，公司管理者固定效应对公司避税行为产生重大影响。Kaplan、Klebanov 和 Sorensen（2012）分析了公司 CEO 的 30 种特质，并采用因子分析的方法将这些特质分成两类：一类为普通能力；另一类为执行能力。作者进一步研究发现公司业绩与 CEO 的这两种能力正相关。Tate 和 Yang（2015）研究发现当女性位于公司领导地位时，公司会形成对女性友好的文化氛围。Benmelech 和 Frydman（2015）的研究表明，拥有参军经历的 CEO 在制定公司政策时更保守，其公司投资更少；同时如果公司 CEO 有参军经历，则公司更加诚信，其违法行为更少。Sunder、Sunder 和 Zhang（2017）探讨了公司 CEO 个人的飞行爱好与企业创新产出之间的关系，研究发现如果一个公司的 CEO 拥有飞行驾照，那么该公司的专利数量更多，并且多元化专利和原创专利数量更多，该研究进一步证实了公司高管特质对企业产生的影响。

上述研究主要从公司管理者的人口统计学特征、个人能力、人生经历等客观角度研究管理者特质对公司行为及业绩的影响。还有一类研究与心理学相结合，探讨管理者主观特质对公司行为及业绩的影响。这类研究主要从过度自信及自恋两个方面来研究管理者主观特质对公司行为的影响。

在心理学研究中，学者们将过度自信定义为，在进行预测时，其预测某种结果发生的可能性大于依据实际概率分布得出的可能性，即其平均预测数值高于平均真实数值。过度自信是个体对未来事件的信念特征，它是由外部环境影响和（或）个体内在性格共同决定的。过度自信是个人基于自身信念，在对未来事件进行评估时表现出的高于实际的信心。在进行决策时，过度自信的人基于过去的经验，高估自己的能力，在对未来事件进行预测时，他们会高估某种结果发生的可能性。对于高管过度自信如何影响企业行为，现有研究主要得出两类相反的结论：一类研究证实高管过度自信会对企业产生不利影响；另一类研究则发现高管过度自信会在某些方面给企业带来积极的影响。

在行为金融学中，过度自信被认为是一种明显的心理偏差，这种偏差会降低市场运行效率。现有关于管理者过度自信的文献从多个视角考察了管理者过度自信对企业效率的影响，结果支持了过度自信会降低企业运行效率的论点。

Malmendier 和 Geoffrey（2005）发现，CEO 过度自信会导致公司投资扭曲。Pikulina、Renneboog 和 Tobler（2017）的研究也表明公司总经理过度自信会导致企业投资过度，而总经理自信不足则会导致企业投资不足。Malmendier、Tate 和 Yan（2011）的研究发现，CEO 过度自信会对公司融资结构产生影响，过度自信的 CEO 认为公司价值被低估，公司从外部进行融资的成本过高，因此他们倾向于较少依赖外部融资。Humphery-Jenner 等（2015）的研究发现如果一个公司的 CEO 过度自信，那么其薪酬合同中股票期权等激励性薪酬比例会更高，由于 CEO 对公司未来预期的偏差，这种薪酬结构的制定会损害公司的利益。Ho 等（2016）以银行为研究对象，探讨了 CEO 过度自信对银行风险承担的影响。作者以 1998 年亚洲金融危机和 2007—2009 年全球金融危机为时间窗口，发现在金融危机前，CEO 过度自信的银行更倾向于降低借贷标准，增加银行杠杆，这使得银行在金融危机爆发后更容易受到冲击。而在金融危机爆发后，这类银行更容易遭受债务违约，经营业绩更容易下滑，面临的预期违约可能性更高，CEO 更换的可能性也越大。Malmendier 和 Tate（2008）从公司并购的角度论证了高管过度自信对企业的影响，研究发现当公司的 CEO 过度自信时，他们会过高估计自己创造价值的能力，因此，在进行并购时，过度自信的 CEO 会进行溢价并购或者并购那些损害公司价值的公司。上述影响在公司内部现金流充足的情况下会更加显著，这是由于当公司内部现金充足时，公司在进行并购时不需要从外部融资，此时，过度自信的 CEO 更容易发起并购。Schrand 和 Zechman（2010）发现如果公司的高管过度自信则公司更容易进行盈余管理和财务舞弊。Hribar 和 Yang（2011）发现过度自信的经理更有可能发布有偏差的盈利预测。

上述文献支持了管理者过度自信会降低企业效率的观点，认为过度自信的 CEO 会做出损害公司利益的决策，进而损害公司价值。然而实践中存在这样一个谜团——如果管理者的过度自信是一个消极的因素，会损害企业价值，那么为什么现实中企业总是雇佣过度自信的管理者并且执行这些过度自信的管理者做出的投资及融资决策？为了解开这一谜团，学术界进行了一系列探讨。一些学者提出了一种与上述过度自信的管理者会损害公司价值相对立的观点，认为公司 CEO 的过度自信，在一定程度上在某些方面会给企业带来积极正面的影响，能够促使公司 CEO 做出增加公司价值的决策，因此现实中许多公司都雇佣过度自信的管理者。

Ko 和 Huang（2007）研究指出，过度自信的投资者认为自己有能力获得超额回报，因此他们会投入更多的资源用来获取相关信息，这些信息促使资产价格更接近实际价格，因而提高了市场效率。Goel 和 Thakor（2008）的研究指出，如果风险厌恶的 CEO 同时具有过度自信的特征，这种过度自信可以提升公司的价值，但这种影响并非单调的。同时有研究表明，过度自信的 CEO 在公司创新方面投资更多，并且创新成功的可能性更大（Hirshleifer、Low 和 Teoh，2012）。Graham、Harvey 和 Puri（2014）采用调查问卷的方式，首次采用个性测试的方法直接研究企业高级管理者的异质性及态度对企业政策的影响。结果发现，CEO 的过度自信会影响企业投资等行为，过度自信的 CEO 对预期的投资机会更为乐观，CEO 过度自信的企业在历史上或是在未来增长率更高。这一研究结果表明过度自信的 CEO 可能会促进企业增长效率。

Kramer 和 Liao（2016）指出 CEO 的过度自信不仅会影响其自身决策，同时还会影响其他市场参与者的行为，研究发现 CEO 过度自信会影响分析师和其他市场参与者的重要财务决策，在一些情况下，CEO 的过度自信会改善企业的信息环境。

　　上述研究从过度自信的角度探讨了管理者特质对企业决策的影响，结果表明管理者的过度自信是一种复杂的特质，在一些情况下，这种特质有利于增加企业价值，促进企业发展；而在另一些情况下，这种特质会损害企业价值，不利于企业的发展。除了过度自信，高管的另外一种特质——自恋——也成为近年来学术界研究的热门话题，一些文献研究了高管的自恋特质对企业决策的影响。

　　与过度自信相比，自恋是一种更加基础的、更加根深蒂固的个性特质（Campbell 等，2004），它较少受外部环境的影响。自恋的人在进行决策时并不会考虑过去的经验。另一方面，自恋与过度自信的一个主要差别在于，过度自信包括认知的因素，而自恋既包含认知的因素，也包含动机的因素（文东华等，2015）。自恋包含的动机因素主要源自自恋性格对于认可及关注的持续需要，对权力的向往和自我崇拜以及牺牲他人利益满足自身需要等。Lakey、Rose、Campbell 和 Goodie（2008）的研究发现，在博弈环境中，与过度自信的人相比，自恋的人实现的负收益更大，由于更具冒险倾向及追求即时回报（与自恋的人对持续认可的需求相符）的短视行为，自恋的人在进行决策时，其决策结果较过度自信的人可能进一步恶化。这一研究也表明自恋与过度自信并不是相同的概念，二者是有显著差别的。Tamborslzi、Brown 和 Chowning（2012）的研究也表明自恋是区别于过度自信的。他们的研究表明，虽然自恋的人在自我评价时可能会有过度自信的倾向，但同时他们也可能进行不道德的决策或者牺牲别人的利益来满足自身利益。Hirshleifer 等（2012）的研究从专利数量及专利被引用频率的角度研究过度自信的 CEO 对公司的影响，结果表明过度自信的 CEO 会使公司从专利中受益，而 Ham 等（2014）的研究从同样的视角研究自恋的 CEO，结果与 Hirshleifer 等人的结论相反，这一结论说明自恋与过度自信是不同的，二者具有显著的差异。

关于高管自恋情绪对企业行为影响的文献主要得出两个方向相反的结论，一些文章指出自恋作为一种性格，会导致企业高管自大，对自己的决策更加自信，因此会做出降低企业价值的决策。另一方面，一些文献表明自恋会使得企业高管更加具有进取心，决策更加具有侵略性，因此可以为企业带来积极的影响。

Chatterjee 和 Hambrick（2007）采用 CEO 照片在年度财务报告中的显著程度、公司 CEO 在媒体报道上出现的显著程度、公司 CEO 在访问中使用第一人称的频率以及 CEO 与公司薪酬第二高的高管之间薪酬比例等四个指标衡量 CEO 的自恋程度，并研究了 CEO 自恋程度与企业战略及绩效的影响。结果表明 CEO 自恋与企业并购的数量和规模、公司业绩等相关，公司 CEO 越自恋，其经营及市场业绩波动越大。Ham、Seybert 和 Wang（2014）以公司向 SEC 呈交的文件中 CEO 签名的大小来衡量 CEO 的自恋程度，结果表明 CEO 自恋会对公司产生一系列负面影响：自恋的 CEO 更容易投资过度，公司创新效率更低，专利和专利引用频率更低，同时公司的过度投资可能导致未来更低的销售额和销售增长率，并且 CEO 过度自信会降低公司的 ROA，这种影响在经营环境不确定的公司中更为显著。Aktas、Bodt、Bollaert 和 Roll（2016）从公司并购的角度探讨了 CEO 自恋对公司并购进程的影响，结果发现并购企业的 CEO 以及被并购企业的 CEO 自恋程度对企业并购施加重要的影响，同时 CEO 自恋对公司并购整个进程的各个阶段都有重要影响。首先，如果被并购企业的 CEO 是自恋的，那么并购企业的股东对并购公告的反应持非支持态度。其次，自恋的并购方 CEO 在订立并购契约时速度更快。再次，自恋的并购方 CEO 更容易发起并购。最后，如果并购方和被并购方的 CEO 都具有自恋特质，则并购完成的可能性会降低，在并购完成的情况下，被并购企业的 CEO 在并购后的企业中任职的概率更低。Ham、Lang、Seybert 和 Wang（2015）用公司 CFO 签名的大小来衡量其自恋程度，CFO 签名时平均每个字母占用的空间越大，则 CFO 自恋程度越高。研究结果表明 CFO 自恋情绪对公司财务报告质量有重要影响。公司 CFO 自恋情绪越严重，公司越可能进行更多的盈余管理，对亏损的确认越不及时，内部控制的质量越差，也更有可能进行财务报告重述。

上述研究从多个角度证实了公司高管自恋对企业价值的负面影响，但也有一些研究表明高管的自恋情绪在一些情况下会对企业价值产生正向的促进作用。Oesterle、Elosge 和 Elosge（2016）分析了 CEO 自恋对企业全球化进程的影响，研究主要以德国制造业企业为研究对象，结果发现 CEO 自恋的公司 2004—2013 年间在海外的经营活动更多。Gerstner、Konig、Ender 和 Hambrick（2013）研究指出 CEO 自恋情绪会对企业是否采用新技术产生影响，研究发现自恋的 CEO 在面对新技术的时候会更加有进取性，更可能采用新技术。

2.2 国内相关文献综述

在 2.1 中，我们回顾了国外文献关于文化及管理者个人特质如何影响企业行为的研究。通过对文献的梳理，我们发现文化作为一种非正式制度，对企业行为产生了全面而深刻的影响，具体表现在国家文化和企业文化对企业投融资行为、公司治理、信息披露及市场反应等方面的重要影响。同时管理者个人特质也对企业行为产生了深刻的影响。中国是一个拥有着五千多年悠久历史的文明古国，中华文化博大精深，深深植根于中国人的血脉中，对中国人行为处事的方式产生着根深蒂固的影响。现阶段中国经济处于转型期，由于正式制度的欠缺和不完善，非正式制度对经济的影响更加凸显。文化作为非正式制度的一个重要方面如何作用于企业并对企业行为产生影响？对这一问题的回答有助于我们制定相关政策，进一步促进非正式制度对经济发展的积极影响。同时，在中国特殊的公司治理背景下，高管个人对企业决策发挥着十分重要的影响，因此，探讨管理者个人特质对我国企业决策的影响十分必要。相较国外研究而言，我国对文化及管理者个人特质对企业影响的研究起步较晚，研究较少。但是，这两个话题越来越受到学术界的关注，越来越多的研究致力于研究这些问题，本节将对这些研究进行回顾。

2.2.1 国家层面文化对企业行为影响

国外关于国家层面的文化对企业行为影响的研究基本上采用跨国研究的方法，探索不同国家间文化的差异如何作用于企业，最终体现为企业行为的差异。与国外研究不同的是，现阶段，我国学者关于国家层面文化对企业行为影响的研究多聚焦于国际投资方面，主要包括在中国设立的中外合资企业和中国企业对外直接投资，利用合资企业这一特殊的企业存在形式以及中国企业对外直接投资，学者们研究了外国文化与中国文化之间的差异对国际投资的影响。

张莉和曹蔚然（2003）以898家中外合资企业为研究样本，分析了国家间文化的差异对合资企业进入中国的时间、经营成果、公司治理等方面的影响。该研究将898家合资企业的文化背景进行了区分，共分为两类：一类是出资企业文化与中国文化相似，均属于东亚文化，这些出资企业主要来自日本和海外华人投资企业。另外一类合资企业的出资方文化与中国文化差异较大。这些出资企业主要来自英国和美国等西方国家。研究发现：具有相似的东亚集体主义文化价值观的合作伙伴在中国建立的合资企业比与西方伙伴合资的企业更容易获得先入者优势；与东方合作伙伴合资的企业比与西方合作伙伴合资的企业在技术和设备上投入更少一些；与东方合作伙伴合资的企业比与西方合作伙伴合资的企业具有更高的资产负债比率；与西方合作伙伴合资的企业比东方合作伙伴合资的企业的资产增长率更高。综上所述，国家间的文化差异对合资企业经营方式和经营效率具有重要影响，相似的文化价值观能够在多个方面促进合资企业的效率，提升合资企业的价值。李自杰和张雪峰（2010）直接检验了国家间的文化差异对合资企业绩效的影响。文章以106家中外合资企业为研究样本，采用调查问卷的方法，结果表明国家间的文化差异对中外合资企业的绩效产生了正向促进作用。田晖（2011）对在中国设立的43家中外合资企业中有经验的278名管理人员进行问卷调查，然后利用结构方程模型对问卷调查数据进行信度和效度分析，结果发现，文化冲突对中外合资企业的绩效具有负向的影响。

上述研究均以调查问卷等方法进行简单的统计分析，研究文化差异对中外合资企业的影响，而没有使用大样本的档案研究（Archival Study）的方法，研究结论存在一定的局限性。赵龙凯、岳衡和矫堃（2014）以来自35个国家和地区的共4 911个在中国注册的合资企业为研究对象，检验了出资国的文化特征对合资企业风险的影响。研究发现，出资国文化特征中的和谐主义与不确定性规避会显著降低企业的风险，但是出资国文化特征中的个人主义则会显著增加企业的风险。另外，该研究还探讨了出资国与中国的文化差异如何影响合资企业风险，研究表明，出资国与中国的文化差异越大，合资企业的风险反而越低。作者进一步探讨了合资企业中外资占股比例对出资国文化特征与合资企业风险关系的影响，结果发现，合资企业中的外资占股比例越大，出资国文化特征对企业风险的影响越强烈，并且出资国与中国的文化差异对合资企业风险的影响也越强烈。这一结论进一步证实了国家文化对企业行为的影响。赵龙凯、江嘉骏和余音（2016）以2005—2007年在中国经营的合资企业为样本，探讨了国家文化对合资企业盈余管理的影响。研究发现，当出资国文化特征中个人主义更强烈时，合资企业更倾向于更多地进行向上和向下的盈余管理，而当出资国的文化特征中不确定性规避越强时，合资企业更倾向于进行向下的盈余管理。在此基础上，该研究发现在外资绝对控股公司中上述影响更为显著。进一步的研究还发现，文化对盈余管理的影响较为稳健，不随经营地市场化程度的变化而变化，表明文化对企业的影响是显著的，并且是长期而持久的。最后，该研究还发现，出资国文化对合资企业盈余管理行为的影响随着合资企业进入中国的时间的增长而减弱，这表明了在合资企业中出资国文化与中国文化的长期交融与融合使得文化间的差异缩小，进而降低了文化差异对企业行为的影响。

以上研究均以中国作为外国投资的接受方，探讨了在中国设立的合资企业中，出资国文化以及出资国文化与中国文化的差异对企业经营、投融资、公司治理等方面的影响。还有一类研究从相反的视角——中国对外直接投资（OFDI）——探讨了国家文化因素对企业的影响。綦建红和杨丽（2012）利用2003—2010年中国对其他40个国家和地区对外直接投资的面板数据检验了文化差距与对外直接投资的关系。研究发现，文化距离与中国公司对外直接投资呈负向相关关系。作者进一步依据文化距离均值对样本数据进行分组检验，结果发现当文化距离增大时，文化距离对中国企业对外直接投资的影响愈发不明显，该研究证实了文化差异对中国企业对外直接投资有着重要影响。黄凌云、杨娜和王珏（2014）以中国5 000多家海外投资企业为研究对象，探讨了被投资国的文化特征及其与中国的文化差异对中国对外直接投资的影响。在所有样本中，被投资国家和地区共有14个，这些国家和地区的文化各不相同，有着各自的特点。该研究利用文化的四个维度指标衡量东道国文化特征及其与中国的文化冲突，结果发现，当东道国的国家文化权力差距越大，个人主义、不确定性规避倾向、和谐主义倾向越低时，中国企业越倾向于选择绿地投资的进入方式；而当东道国的国家文化中权力距离、和谐主义越低，不确定性规避倾向越高时，中国企业越倾向于选择垂直型OFDI。进一步研究表明，东道国文化环境与中国的文化环境差异越大，企业越愿意选择兼并收购的进入方式和垂直型OFDI。孙淑伟等人（2017）研究发现，中国企业在进行海外并购时，并购双方的文化差异越大，中国企业支付的溢价越高。进一步，中国企业支付的溢价越高，海外并购的业绩越低。

2.2.2　公司层面文化对企业行为的影响

在上一部分中，我们探讨了国家层面的文化对在中国设立的合资企业及我国企业对外直接投资的影响，本部分将对另一个层面的文化——企业层面的文化——如何影响企业行为的文献进行回顾。

李海和张勉（2012）从文化契合度的角度探讨了企业文化对企业绩效的影响。该研究利用在北京一所重点高校的高级经理培训班和国家高级文化师培训班上收集的问卷调查数据，整合了文化契合度的4个方面和标准，以此作为企业文化的衡量指标，研究发现契合度高的企业文化对企业绩效有着积极影响。刘志雄和张其仔（2009）利用企业在互联网主页上关于企业文化的介绍信息来刻画企业文化，通过对企业文化的6个指标进行打分并加总得到企业文化评分，进而研究企业文化对公司绩效的影响。结果发现文化强势的企业通常具有较好的企业绩效，证实了文化强度对企业绩效的影响。朱兵、王文平、王为东和张廷龙（2010）以江苏、浙江和安徽三省的高科技企业作为研究对象，利用问卷调查法，探讨企业文化与企业创新绩效之间的关系。研究将企业文化分为官僚型文化、支持型文化和创新型文化，结果表明官僚型企业文化对企业创新绩效没有直接的显著影响；支持型企业文化对企业创新绩效有直接的显著影响；创新型企业文化对企业创新绩效也有直接的显著影响。上述研究主要采用问卷调查等方法，利用简单的统计分析证实了企业文化对公司绩效的影响。

王艳和阚铄（2014）利用中国上市公司并购数据实证检验了企业文化与并购绩效之间的关系。该研究在组织制度、内部构建和社会关系三个层面刻画企业文化强度，并将企业在三个维度的得分加总得到企业文化强度的整体衡量。研究发现，在 A 股上市公司的并购事件中，并购方企业文化强度越强，并购的长期绩效表现越差。进一步，在被并购企业为非上市公司，被并购公司所属行业与并购公司不相关或者被并购公司与并购公司不在同一个省份时，由于并购双方差异较大，进行文化融合的难度更大，此时，企业文化对并购业绩的负向影响更显著。

辛杰（2014）通过向山东省企业家协会、江苏省企业家协会的企业家以及山东大学管理学院 EMBA、MBA 中的企业董事长、总经理以及在企业中有关键决策作用的副总经理发放问卷的方式收集企业文化数据，探讨了企业文化对企业社会责任表现的影响，研究采用宗族型企业文化、灵活型企业文化、市场型企业文化和等级型企业文化四个维度来衡量企业文化，研究发现企业文化的四个维度都对企业社会责任的承担产生显著的正向影响。

2.2.3 文化对企业资本配置效率影响的其他研究

上面两部分我们回顾了现有文献中关于国家层面文化和企业层面文化对企业行为影响的研究，还有另外一类研究以文化中某个方面（如宗教、社会信任等）为出发点，研究其对企业行为的影响，下面我们将对这方面文献进行回顾和梳理。

近年来，一些学者注意到社会信任作为文化的一个方面对企业融资方式、公司治理等方面具有重要影响。刘凤委、李琳和薛云奎（2009）利用"中国企业家调查系统"对于全国各地区信任度的问卷调查数据来衡量我国各地区的信任程度，进而考察了"信任"作为文化的一个方面如何影响企业商业信用模式。研究发现，地区信任程度对企业的签约形式和商业信用模式具有直接影响，地区信任与企业的签约成本显著负相关。具体影响如下：地区信任程度越低，企业采用预付账款和应付票据等成本较高的商业信用模式的比例越高，同时相应的销售费用和折扣支出也越多。张敦力和李四海（2012）从民营企业银行贷款的角度考察了社会信任对企业的影响，研究采用了张维迎和柯荣住（2002）中国跨省信任调查的数据来度量一个地区的社会信任度。研究表明，社会信任度越高的地区，民营企业银行贷款比例越高，并且贷款成本越低，贷款的期限也越长。戴治勇（2014）从另一个角度——企业激励薪酬设计——探讨了地区社会信任程度对企业的影响。该研究同样采用张维迎和柯荣住（2002）中国跨省信任调查的数据来度量一个地区的社会信任度。研究发现地区信任度对位于该地区的公司高管和普通员工薪酬激励制度有着重要影响。信任有助于拉大企业高管薪酬差距，并且对中层经理和普通雇员年薪差距的影响更大。同时，信任促进了总经理年薪与企业绩效的关联程度。进一步，信任也促使企业对普通员工采取绩效工资的奖励方法。王艳和李善民（2017）采用 WVS（World Values Survey，世界价值调查）的中国综合社会调查数据作为社会信任的代理变量，考察了社会信任对企业并购绩效的影响。研究发现，主并公司所在地区社会信任度越高，并购合作越容易成功，进一步，社会信任度有助于提高并购价值创造能力。曹春方等（2019）利用"中国企业家调查系统"数据考察了地区间信任与集团异地发展的关系，结果发现，母公司所在地与异地信任度越高，集团在该地建立异地子公司的数量越多，同时地区间信任降低了集团组织成本。

除了社会信任外，宗教信仰作为文化的一个重要组成部分也受到越来越多学者的关注。宗教作为一种人生信仰，会影响人们对待世界的态度、人们处事标准及行为准则等方面，因此宗教对人的行为决策会产生全面而深刻的影响。近些年来，国内文献开始探讨地区宗教文化对辖区内企业经济绩效和资本配置效率的影响。

陈冬华、胡晓莉、梁上坤和新夫（2013）用国内影响力较大的寺庙与上市公司注册地距离以及每个省份寺庙数量占全国寺庙总数的比重来衡量上市公司受宗教影响的程度，并进一步检验了宗教对公司治理水平的影响。该研究主要从三个方面探讨了宗教对公司治理的影响，分别是公司违规情况、公司盈余管理水平和财务报表审计意见类型，结果表明，上市公司所在地的宗教传统越强，公司违规行为越少，财务报告被出具非标准审计意见的概率越小，公司治理水平越高；进一步，上市公司所在地的宗教传统越强，公司进行盈余管理的动机越弱，盈余管理行为越少，进一步验证了宗教传统对公司治理的正向影响。毕茜、顾立盟和张济建（2015）以宗教作为传统文化的代理变量，探讨了传统文化对企业环境信息披露的影响。该研究同样借鉴了陈冬华等（2013）对宗教影响强度的衡量方法，利用中国上市公司注册地与寺庙的距离衡量上市公司受到宗教影响的强度，同时，采用"内容分析法"来定量描述企业的环境信息披露水平。该研究以中国2007—2012年在A股上市的重污染行业企业为样本，结果表明，传统文化作为一种非正式的制度安排对企业环境信息披露具有显著的正向影响。同时该研究还发现环境制度与传统文化在作用于企业环境信息披露时具有互补的效应，进一步验证了非正式制度与正式制度对经济活动的互补作用。阮荣平、郑风田和刘力（2014）分析了宗教对于创业的影响，研究利用CGSS（由中国人民大学和香港科技大学联合组织实施的连续性全国调查）来获取创业者的宗教信仰数据，结果发现有宗教信仰者创业概率更高。对此结果，作者认为可能有两方面的原因：一是宗教信仰改变了创业偏好，并且宗教组织所构建的社会资本放松了创业约束；二是宗教与现代教育之间潜在的冲突性，导致信徒人力资本投资下降，在劳动力市场上不具备竞争优势，因而被迫选择自主创业。金智等（2017）以公司注册地一定范围内孔庙的数量作为代理变量衡量企业受到儒家文化的影响程度，并实证检验儒家文化对企业风险承担的影响。结果表明，公司受儒家文化影响越大，其风险承担水平越低。进一步，儒家文化通过降低公司风险承担，进而降低了公司的市场回报。

另有一些研究将视角落在了企业慈善捐赠上，探讨了宗教对企业慈善捐赠行为的影响。杜颖洁和冯文滔（2014）认为宗教对管理者价值观具有重要影响，并且会对企业商业伦理产生影响进而可能影响到企业慈善捐赠行为。研究采用与陈冬华等（2013）相似的方法，根据中国上市公司注册地与全国重点"寺观（寺庙和道观）"的经纬度来计算公司注册地与寺庙距离，并以此来衡量企业受到宗教影响的强度。利用2004—2010年上市公司的慈善捐赠数据，研究发现中国上市公司慈善捐赠的概率及强度与公司受宗教影响的强度正相关。进一步研究发现，公司捐赠与宗教强度之间的正向相关关系受到政治关联的负向影响，说明宗教强度与政治关联对企业慈善捐赠的影响具有替代作用，也表明宗教作为一种非正式制度在一定程度上可以替代正式制度发挥作用。周怡和胡安宁（2014）利用复旦大学社会学系所做的2011年"温州民营企业主慈善捐赠行为调查"数据探讨了宗教信仰对企业捐赠的影响，结果表明企业主的宗教信仰会影响企业慈善捐赠行为，宗教信仰对企业捐赠行为产生积极的促进作用。同时宗教信仰还影响企业捐赠的形式和结果等，具体表现为如果一个企业的企业主有宗教信仰，则企业更倾向于选择宗教组织作为捐赠渠道并且不在乎捐赠行为的公开化也从未因捐赠行为受到过奖励。曾建光、张英和杨勋（2016）研究了高管层宗教信仰对个人捐赠行为的影响，研究利用私营企业研究课题组在2010年4月至5月所做的全国私营企业第九次抽样调查数据来获取企业高管的宗教信仰数据，研究发现，有宗教信仰的私营企业高管个人慈善捐赠更多，并且这种关系在高风险企业中尤其突出。

2.2.4 管理者特质对企业行为的影响

在管理者特质对企业行为影响这一研究领域，与国外研究相似的是，国内研究也主要将落脚点放在管理者人口统计学等方面的特征和管理者心理特征上。但是与国外研究不同的是，在管理者心理特征如何影响企业行为这一领域，国内研究主要集中在管理者过度自信对企业的影响，而鲜有研究关注管理者自恋如何影响企业决策。

姜付秀等（2009）检验了管理层和董事长背景特征对企业过度投资

的影响，研究发现，管理层的教育水平及平均年龄与过度投资之间存在显著的相关性。董事长的学历、年龄、教育背景、工作经历对企业过度投资存在显著影响。李焰、秦义虎和张肖飞（2011）实证检验了管理者个人背景对企业投资行为和公司业绩的影响，研究发现，产权性质对企业管理者特质与企业业绩之间的关系产生影响。在国有企业中，管理者年龄、任期对企业投资规模有着显著的负向影响，同时投资规模与企业投资效率之间存在负向相关关系；而在非国有企业中，管理者年龄与企业投资规模负相关，但对企业投资效率没有显著的影响。进一步的研究发现，管理者性别、学历和专业背景对企业投资效率没有显著影响。张兆国、刘永丽和谈多娇（2011）以 2007—2009 年中国 A 股上市公司为样本，实证检验了管理者异质性对公司会计稳健性的影响，研究发现，管理者团队男性比例的增加会降低企业会计稳健性，而管理者团队平均学历、平均年龄和平均任期则会增强企业的会计稳健性水平；进一步研究发现，管理者团队的年龄异质性、学历异质性和任期异质性会增强企业的会计稳健性水平。张兆国、刘亚伟和亓小林（2013）从晋升激励和过度投资的角度探讨了管理者背景特征对企业的影响。研究发现随着年龄的增长，管理者对晋升的敏感性以及晋升对过度投资的作用均呈现倒 U 型关系；学历越高、任期越长的管理者对晋升的敏感性越高，从而使晋升对过度投资的作用也越大。潘玉香、杨悦和魏亚平（2015）探索了文化创意企业的管理者个人特质对企业投资决策的影响，结果表明，管理者受教育程度越高，女性管理者比例越高，管理者设计工作经验越丰富，公司总投资强度越高；同时，管理者受教育程度越高，女性管理者比例越高，管理者在职时间越长，管理者设计工作经验越丰富，公司研发投资强度越高；管理者年龄越大，企业研发投资强度越低。吕文栋、刘巍和何威风（2015）的研究发现，公司管理者团队年龄越大，其风险承受能力越弱；管理者团队男性比例越高，教育程度越高，管理者团队规模越大，则企业风险承受能力越强。赖黎等（2016）考察了管理者从军经历对公司融资决策的影响，结果表明如果公司的管理者具有从军经历，则公司的负债和贷款水平较高，公司的债务成本较高，现金持有水平较低，公司的经营业绩也较差。

上述研究从管理者的人口统计学特征方面分析了管理者特质对企业行为的影响，结果均证实了管理者个人特质在企业决策中发挥着重要作用。除此之外，还有一类研究从管理者心理特征方面探究了管理者个人特质对企业决策的作用，在国内，这类研究主要集中于管理者过度自信方面。

江伟（2011）的研究从董事长个人特质出发，以董事长的年龄、任职时间、学历以及教育背景作为董事长过度自信的替代变量，检验了董事长过度自信对公司资本结构的影响。结果发现，董事长年龄、任职时间、学历与其过度自信程度显著负相关，并且与公司负债比率显著正相关；同时，当董事长拥有经管类教育背景时，其过度自信程度越高，公司负债比例越高。姜付秀等（2009）用上市公司盈利预测偏差和高管薪酬的相对比例两个指标来衡量企业管理者的过度自信，研究结果表明管理者过度自信对我国企业的扩张产生了显著的影响，具体表现为管理者过度自信和企业的总投资水平、内部扩张之间存在显著的正相关关系，管理者过度自信与企业的外部扩张及并购之间的关系并不显著。余明桂等（2013）主要利用总经理个人特质中的性别、年龄、学历、教育背景和总经理与董事长两职合一五个指标来衡量总经理过度自信水平，这五个指标均是虚拟变量，最后将总经理在五个指标的取值加总，当总数为4或5时则表明总经理过度自信，否则总经理不存在过度自信。研究发现管理者过度自信与企业风险承担水平显著正相关。孙光国和赵健宇（2014）利用管理层持股变化情况和上市公司盈余预告偏差来衡量企业管理者的过度自信水平，研究发现管理层过度自信会显著降低公司的会计稳健性水平。陈夙和吴俊杰（2014）采用公司年度盈利预测来衡量管理者过度自信，当公司实际盈利水平低于预测盈利时则说明企业管理者过度自信，研究发现管理者过度自信会显著增加公司投融资风险。易靖韬、张修平和王化成（2015）利用薪酬最高的前三名高管薪酬之和占高管薪酬总和的比例以及投资水平两个指标来衡量企业高管的过度自信，研究表明高管过度自信对企业创新绩效具有影响，高管过度自信会促进企业加大创新项目的投入和产出；在企业研发支出水平一定的情况下，管理者过度自信仍然可以促进企业的创新产出，表明在一定情境下，高管的过度自信会对企业产生正向的促进作用。梁上坤（2015）用三种方法来度量企业高管的过度自信水平，分别为宏观层面的企业景气指数与企业家信心指数，公司管理层薪酬总额占员工薪酬总额的比例及薪酬前三位的高管薪酬总额占全部高管薪酬总额的比例，管理者持股比例的变化。该研究考察了管理者过度自信对公司成本黏性的影响，结果发现，过度自信的管理者会高估未来的现金流，低估未来的风险，从而导致公司较高的成本黏性。

2.3　文献总结和述评

2.3.1　文献总结

本章对国内和国外关于文化和管理者个人特质如何影响企业决策和行为的文献进行了回顾和梳理。通过文献的梳理，可以发现在研究议题和研究方法上，国内外研究既有相似之处同时也存在着差异。

首先，在研究内容上，国外研究主要从国家层面文化和企业层面文化来探讨文化对企业决策的影响；而国内研究除这两个方面之外，还探讨了社会信任和宗教信仰作为文化的一个重要组成部分如何影响企业行为与决策方式。在管理者个人特质如何影响企业决策方面，国外研究主要集中在管理者个人人口统计学特征、心理特征中的过度自信和管理者自恋三个方面，并分别从这三个角度进行了研究。国内研究同样也探讨了管理者个人人口统计学特征和管理者过度自信对企业决策的影响，但是对于管理者自恋这一话题则鲜有涉及。

其次，在研究方法上，在研究国家文化如何影响企业行为时，国外研究多采用跨国研究的方法，分析多个不同国家间的文化差异对企业决策的影响；而国内研究则多利用在中国设立的合资企业和中国企业对外直接投资这一特殊角度来分析中国和其他国家间的文化差异对合资企业及中国企业对外直接投资的影响。在研究企业层面的文化如何影响企业行为时，国外研究认为公司管理者个人的价值观和信念会对企业文化产生重要影响，同时会奠定企业文化的基础，因此多用管理者个人行为特征作为公司文化的代理变量，进而考察公司文化对企业决策的影响。与此不同的是，国内关于公司层面文化如何影响企业决策的研究多通过调查问卷或公开资料对企业文化进行直接衡量，进而考察企业文化对于企业行为的影响。表 2-1 总结了国内外文献在研究主题及研究方法上的异同。

表 2-1　　　　　　　　　国内外相关文献总结

	研究主题	研究方法
国外研究	国家文化对企业决策的影响	采用跨国研究方法进行研究
	企业文化对企业决策的影响	以高管个人行为特征作为企业文化的替代变量
	管理者人口统计学特征对决策的影响	考察高管年龄、性别、教育背景特征
	管理者过度自信对企业决策的影响	用高管股票期权行权情况来衡量
	管理者自恋对企业决策的影响	用高管签名大小等衡量自恋程度
国内研究	国家文化对企业决策的影响	以合资企业或中国企业 OFDI 为研究对象
	企业文化对企业决策的影响	直接衡量企业文化特征
	管理者人口统计学特征对决策的影响	考察高管年龄、性别、教育背景特征
	管理者过度自信对企业决策的影响	用高管薪酬比例等指标衡量过度自信

2.3.2　文献述评

本章回顾发现国内外文献均探讨了国家层面文化和企业层面文化如何作用于企业并对企业决策产生影响。但是这些研究都没有考察区域文化差异对企业行为的影响，如果在一个国家中，各个地区文化具有很大的差异，这种区域间的文化差异会怎样影响各区域的企业行为？对于这一问题，我国有一些研究以社会信任和宗教信仰为着眼点，试图考察区域文化对企业的影响。但这些研究只是从文化的一个组成方面出发，并不能全面衡量区域文化及其对企业的影响。因此，直接对一个国家内不同区域的文化进行衡量并考察其对企业决策的影响是必要的，但现有文献对这一问题的探讨仍属空白。

国外关于国家文化对企业影响的文献基本采用跨国研究的方法，这类研究的一个重要问题是样本企业来自不同的国家，它们面临不同国家的经济环境、社会环境、政治因素、税收制度、正式的制度环境等，这就可能产生一个重要的问题——遗漏变量问题。虽然这些文章都在模型中加入了多个控制变量，但是依然不能完全解决遗漏变量的问题，这使得研究的信度下降。国内关于国家文化对企业影响的研究仅限于在中国设立的合资企业和中国企业OFDI，这类研究虽然不存在国外研究中的遗漏变量问题，但是研究的样本量受到很大的限制。另外，关于企业层面文化如何影响公司决策的研究中，国外研究普遍采用的方法是用公司高管个人的某一特征来衡量企业的文化而非直接衡量企业文化的各个维度，这种方法的一个弊端是只能衡量企业文化的一个方面而无法从多个角度综合地探讨企业文化对公司决策的影响。国内此类研究直接衡量企业文化各个维度对公司行为的影响，但绝大多数研究采用调查问卷的方法，这种方法主观性比较强，很难完全客观地反映企业文化，这会减弱研究的解释力度。

在研究管理者个人特质对企业决策的影响时，国内外文献均从管理者个人人口统计学特征和心理特征两个方面展开，却忽略了管理者个人身上承载的文化特质对企业决策的影响。文化会对人产生潜移默化并且长久深远的影响，会影响个人的价值观念、处世态度和行为方式等。企业管理者身上承载的文化特质会通过其决策体现出来。当代社会，人口的流动性不断增大，企业管理者工作所在地与其成长地往往不同，这就产生了两种文化的碰撞。当企业管理者身上承载的文化与公司所在地文化相同时，二者合为一体共同作用于企业；当企业管理者身上承载的文化不同于企业所在地文化时，管理者的文化特质与区域文化可能产生冲突，这种融合与冲突将对企业决策产生怎样的影响？现有文献并没有对此进行探索。

企业财务行为包括企业融资行为、企业投资行为、企业现金持有决策等，现有研究多从某一个方面检验了文化对企业财务行为的影响。为了系统地研究区域文化对企业财务行为的影响，我们首先从企业融资的角度探讨了区域文化对企业商业信用融资的影响；接着从现金持有决策角度探讨了区域文化对企业现金持有水平的影响；进一步从企业投资的角度探讨了区域文化对企业创新行为的影响；最后，从企业投资的角度综合探讨了区域文化对企业社会责任承担情况的影响。

3 制度、管理者特质与经济增长：探索性分析

3.1 制度与经济增长

3.1.1 经济增长理论的发展

经济增长一直是经济学研究的主要问题，长期以来经济学家们对经济增长背后的原因进行了不断的探索。这些理论主要可以分为四类：古典经济增长理论、新古典经济增长理论、新经济增长理论和制度经济学理论。

1）古典经济增长理论

古典经济增长理论是现代经济增长理论的基础和开端，主要代表人物是亚当·斯密和大卫·李嘉图。在 1776 年出版的《国民财富的性质和原因的研究》（简称《国富论》）一书中，亚当·斯密研究了国民财富的性质及其产生和发展的条件，即经济是如何增长和发展的。该书指

出，国民财富增长是劳动生产力和资本累积的函数，增加国民财富的路径有两条：一是提高工人的劳动生产率，因为劳动分工决定了劳动生产率；二是进行资本积累，这是由于资本积累可以进一步增加工人的数量，进而增加国民财富，而资本积累的源泉是地租和利润。大卫·李嘉图在其代表作《政治经济学及其赋税原理》一书中阐述了资本主义社会国民收入在工资、利润与地租之间的分配比例的规律并提出关于经济增长未来预期的基本观点。他十分强调收入分配与经济增长的联系，在极差地租理论和分配理论的基础上，发展了资本积累理论。李嘉图认为资本累积对经济增长具有关键作用，资本积累主要有两个途径——增加收入或减少支出。如果支出不变，积累就要靠提高利润率；如果收入不变，积累就要靠减少支出降低消费商品的价格。

2）新古典经济增长理论

新古典经济增长理论以 Solow 和 Swan 等人为代表，这一理论认为除了资本的影响外，经济增长还与劳动力以及技术进步有关。持续不断的技术进步一直在增加资本需求，提高实际利率，并引起增加资本存量的储蓄。只要有技术进步，这个过程就会重复，并创造持续的长期经济增长。增长率波动是因为技术进步以可变的比率发生的。在没有外力推动时，经济体系无法实现持续的增长。只有当经济中存在技术进步或人口增长等外生因素时，经济才能实现持续增长。然而这一理论的缺陷是明显的：一方面，它将技术进步看作经济增长的决定因素；另一方面，它又假定技术进步是外生变量而将它排除在考虑之外，这就使该理论排除了影响经济增长的最重要因素。

3）新经济增长理论

20世纪80年代中期新经济增长理论的兴起引发理论界对经济增长的又一次热烈讨论。以 Romer 和 Lucas 为代表的经济学家在新古典经济增长理论的基础上，将技术进步作为经济增长的内生变量涵盖在经济增长模型之中，发现由研发和技术创新引领的生产率进步才是经济增长的根本推动因素。在新古典经济增长理论中，在资本收益递减时，随着资本积累，实际利率下降，直至它等于目标实际利率为止。在这一点时，增长停止了。但新经济增长理论并没有这种增长停止机制。随着资本积累，实际利率并不受影响。实际利率自然可以无限高于目标实际利率。只要人们可以进行使实际利率高于目标利率的研究与开发，人均实际GDP就可以无限增长，增长率取决于人们创新的能力和实际利率。

4）制度经济增长理论

上述经济增长理论和分析框架将制度视为外生变量，并未将制度融入到经济增长的分析框架中，进而也未能揭示出制度对经济绩效及经济增长的作用。制度经济学家们将制度纳入经济增长模型中，指出制度经济学之前的经济增长理论强调的是资本积累、创新和研发等因素，与其说它们是经济增长的原因，不如说它们是经济增长本身，不同经济的长期经济绩效差异从根本上受制度演化方式的影响（North，1990）。制度决定经济绩效，而相对价格变化则是制度变迁的源泉（North 和Thomas，1973）。

3.1.2　制度与经济增长的进一步分析

在制度经济学将制度纳入经济模型进行考察之前，经济学家一直将制度视为外生变量将其排斥在分析框架之外。尽管这样的分析方法对知识的发展贡献甚大，但这些理论依然不能很好地解释存在于不同经济之间的绩效差距，以及这种差距能够长期存在的原因。这是由理论与现实问题之间的差异性造成的。发展经济学理论建立在两个基本假设的基础上，即资源的稀缺性（Scarcity）和由此引发的竞争（Competition）。在此基础上同时假定交易过程是无摩擦的，即信息是完全的、信息的获取无需任何成本。同时产权制度是完善的并且没有任何执行成本，即交易是无成本的。在这些假设下，交易中的交易双方能够掌握所有必需的信息并且能够正确评估各种备选方案，并据此作出选择以达到目标。如果这些假定是完全与现实相符的，如果交易不存在成本，无论初始制度安排如何，有效率市场的竞争结构总能使交易双方在无需任何成本的情况下，达到总和收益最大的结果，此时制度安排可以被绕过。

这些严格的假设对于经济分析是必要的，然而当我们回到现实世界，一个矛盾的问题是现实情境与上述假设是存在显著差异的。现实的情况是交易过程是存在摩擦的，交易是有成本的，这种交易成本已经被经济学家所证实（Wallis 和 North，1986）。在交易过程中，行为人拥有的信息是不完全的，其偏好也不稳定。在许多情况下，人们不仅有财富最大化行为，还有利他主义以及自我实施的行为，这些不同动机极大地改变了人们实际选择的结果，他们凭借自己的主观模型来引导选择，即使通过信息回馈也只能极不完善地更正模型。在这种情况下，个人选择受到制度的约束，因此将个人选择与制度对选择集合的约束结合起来分析经济增长是极其必要的。

新制度经济学在其发展过程中始终坚持认为制度是重要的并且是能够进行分析的（Mathews，1986）。所谓制度，是一个社会的博弈规则，或者更规范地说，制度是一些人为设计的，形塑人们互动关系的约束。制度构造了人们在政治、社会或经济领域里交换的激励（North，1990）。制度是一种人为设计的社会博弈规则，用于界定社会个体间的相互关系和行为范式，包括法律、规则和契约等外在约束或正式制度，同时也包括价值信念、伦理规范、道德观念、风俗习惯和意识形态等内在的约束或非正式制度以及制度实施框架（Williamson，2000）。非正式制度的建立为正式制度的建立和实施奠定了基础，正式制度受到非正式制度的约束并且反映了非正式制度的特点。

制度经济学家们指出，制度通过其对交换与生产成本的影响来影响经济绩效。与所用技术一起，制度决定了构成总成本的交易费用和生产成本。交易成本和制度变迁理论的引入，极大地扩展了经济增长理论的解释力度和应用空间，同时揭示了制度的动态发展对经济增长的重要影响。越来越多的研究认为，制度是决定经济增长的更为根本的因素（Olson，1982；Hall 和 Jones，1999）。Doucouliagos 和 Ulubasoglu（2004）的研究表明，制度导致了各国间的人力资本积累、实物资本积累以及生产效率的差异。一个国家的政治自由度对全要素生产率和人力资本具有正向的显著影响，但是对实物资本和劳动力增长具有负向的显著影响。与此同时，经济自由度对全要素生产率、实物资本、人力资本和劳动力增长都具有正向的显著影响。总体而言，政治自由度和经济自由度这两种制度安排都能够显著促进经济的增长。Assane 和 Grammy（2003）考察了制度质量对经济增长的影响，研究发现，质量更高的制度能够提高经济增长效率和增长速度。同时，这种正向影响在经济自由度更高的环境中更为显著。研究指出经济增长在需要实物资本和人力资本的同时，制度质量和选择自由也是必要的。因此，高质量的制度安排有助于发展中国家的经济更快地增长。Gwartney 等（2006）检验了制度对投资的影响，进而分析了制度对经济增长的影响。结果发现，一个国家的制度质量越高，私人投资率越高；进一步，一个国家的制度质量越高，投资的生产率越高。在将制度作为一个统一要素分析其对经济绩效影响的同时，一些学者开始通过构建制度决定论框架，分析具体制度安排在经济增长中的作用。Acemoglu 和 Johnson（2005）从私有产权视角出发，研究了制度在经济增长过程中的作用。Frankel 和 Romer（1999）从市场运行角度分析制度与经济增长的关系。而 Aghion 等和 Mauro（1995）则分别考察了金融制度和政府效率及腐败对经济增长的作用。

分析制度对不同国家和地区经济增长的影响是重要且必要的，但有学者指出在不同环境和不同的约束条件下，经济增长与制度变迁并不总是保持一致，由于各国的制度与产权保护形态存在较大的差异，因此仅从一国的角度来研究制度对经济增长的影响更具有现实意义（Acemoglu，2005）。Rodrik 等（2004）也指出，深化经济增长动力问题研究不应局限于某一要素和经济增长的因果关系论证，更应开展综合和横向的对比分析。Stiglitz（2004）强调，经济增长动力问题研究更应建立在一国特定经济环境和经济结构的基础上。转轨经济体在经济转轨过程中通常经历深刻的制度变革，为研究制度与经济增长关系提供了理想场所。中国作为全球最大的新兴发展中转轨经济体，40 多年的改革实践开展了一系列的制度变革，同时经济实现突飞猛进的发展，这为学者研究制度与经济增长关系提供了天然的试验场。与中国经济增长伴随出现的是一个制度转型和市场化的过程，在这一过程中，中国从一个高度集中、高度管制的计划经济体制向以市场经济为主导的经济体制转变，金融、产权、政治体制等各方面体制都在渐进的变革之中。中国经济从计划经济向市场经济转轨的实质，就是要以市场的资源配置方式和基于市场的激励奖惩机制，来替代计划经济的一整套制度。制度改革在中国经济改革中有特殊地位，也是经济体制改革的必然要求。贯穿于整个改革过程的企业改革、所有制改革、产权改革、治理机制改革和法制建设改革等制度变革对资源配置发挥了重要作用。一些中国学者基于我国转轨经济事实，对制度与经济绩效的关系展开了探索。李富强等人（2008）依据中国市场化和产权制度改革特征，结合罗默（1999）和巴罗等（2000）的模型及演绎逻辑，将制度引入增长模型诠释要素发展和经济增长的关系。分析发现，制度越完善，经济增长就越表现为人力资本和技术进步的发展。制度越不完善，经济增长就越受限于制度的发展。进一步，通过将产权制度以直接或与资本相结合的形式纳入模型，研究进一步检验了资本、技术进步、制度、贸易、金融和地域与经济增长的作用关系。结果表明，物质资本、人力资本和产权制度对中国经济增长的解释更具效力。这表明，制度不仅直接作用于经济增长，而且还通过影响生产要素投入和配置效率来促进经济增长，即物质资本和人力资本作用包含制度贡献，产权制度是中国现阶段经济增长的最主要动力。樊纲等（2003）以"中国各地区市场化进程相对指数"作为制度变量，解释体制变革在中国经济绩效改进中的作用。吕朝凤和朱丹丹（2016）则在一个引入市场化与不完全契约的内生增长模型中，从市场潜力角度考察了市场化与经济增长的关系。研究表明，市场潜力扩大会提高长期增长率，市场化改革则通过扩大市场潜力对增长率的正向影响，促进了长期增长。在控制了自然资源和人力资源禀赋、FDI、市场竞争、多样化与专业化及变量内生性后，这一结论依然成立。杜浩然和黄桂田（2015）通过构建产权结构变动综合指标，对中国的产权结构变动和经济增长之间的因果关系进行了实证检验。通过面板格兰杰因果检验，引用系统广义矩估计的方法，得到了产权结构变动和经济增长互为因果的关系，同时运用动态面板数据模型发现产权结构的演进对中国经济增长具有显著的正向影响。

制度在社会中的作用主要是通过建立一个人们互动的稳定结构，为人们提供日常生活的规则进而来减少不确定性的。这种结构可能是通过产权、法律等正式约束来实现的，也可以通过习俗、传统等非正式约束实现。目前，本书的分析已经将制度纳入经济分析模型，并通过实证检验证实了正式制度对不同国家或某一国家和地区的经济增长的影响。尽管正式制度由于政治或司法的正式约束对经济增长施加重大影响，但是嵌入在习俗、传统和行为准则中的非正式制度往往对经济增长产生更关键的影响。非正式约束的出现是为了协调重复进行的人类互动，是正式制度的延伸、阐释和修正，包括社会制裁约束的行为规范（Socially Sanctioned Norms of Behavior）和内部实施的行动标准。这些非正式约束将过去与现在和未来联结起来，对经济增长产生更关键更长远的影响。与对正式制度与经济绩效关系的研究相比，学者们对非正式制度与经济绩效关系的研究起步较晚，现有研究多从非正式制度的某一个方面出发来检验二者的关系。例如，1998年诺贝尔经济学奖得主 Amartya Sen 指出，资本主义经济的高效率运行依赖于强有力的价值观和规范系统，发展中国家必须不仅要重视审慎行为的优良品德，还要重视那些补充协议价值观的作用。North（1990）也指出，文化影响经济绩效的机制可以通过交易费用来说明，因为文化所形成的行为标准等更容易被人们所接受。个体所持有的信念，可以帮助他们在经济社会生活中判断某种经济行为或决策的质量。一旦这种观念作为文化的产物内化到人们的头脑中，社会选择机制、游戏规则、交易规则等的形成就相对容易得多，也就降低了交易成本，进而有利于经济绩效的提高。刘冲等（2015）研究发现文化作为代际稳定传递的社会习俗、个人信念（信任）以及价值观，显著地影响技术扩散，并因此影响长期的经济增长[①]。

对于非正式制度对一国经济增长影响的研究固然是十分重要的，但另一个不可忽视的问题同时需要理论学家和学者们的思考，即在资源禀赋和经济体制等正式制度基本相同的情况下，一个地区与另一个地区经济发展的差异源泉是什么？很多学者认为，这一差异产生的一个重要原因是不同地区非正式制度差异的客观存在。孟召宜等（2010）在文化区划的基础上，分析了1952—2008年江苏不同文化区、文化亚区之间经济差异的空间格局与演化趋势，结果发现，江苏文化区间的总体经济差异在波动中缓慢上升，区间经济差异在波动中扩大。研究表明，不同地

---

① 该研究来自首届"文化与经济论坛"会议论文，观点引自：李彬，周战强.基于信任视角的文化与经济研究——首届"文化与经济论坛"综述［J］.经济研究，2015（8）.

域文化差异导致形成不同的心智模型、社会资本和非正式制度，从而形成不同的内在文化动力和外在文化动力，这是导致经济差异出现的文化动因。罗富政和罗能生（2016）运用古诺博弈模型和系统GMM估计方法，分析了非正式制度歧视路径下的地方政府行为对区域经济协调发展的影响。研究发现，非正式制度歧视引致的交易成本差异是影响区域经济协调发展的重要因素。正外部性的地方政府行为，削弱了非正式制度歧视，进而促进了区域经济协调发展，而负外部性的地方政府行为，则会加剧非正式制度歧视，不利于区域经济协调发展。

综合上述分析，制度作为一个社会的博弈规则，其对经济绩效的影响是无可争议的，不同经济的长期绩效差异从根本上受制度演化方式的影响（North，1990）。无论是正式制度还是非正式制度均通过塑造人际交往中的各种约束和规则来减少不确定性，进而降低交易成本并影响经济绩效。

3.2 制度、组织与资源配置

3.2.1 制度、组织与资源配置关系的理论分析

制度是一个社会的博弈规则，或者更规范地说，制度是一些人为设计的，形塑人们互动关系的约束。制度构造了人们在政治、社会或经济领域里交换的激励。本章第一节系统地阐述了制度对经济增长的作用，然而作为约束社会群体中的个人行为及其关系的规范体系，实际上，制度本身并不会产生效率，它只有和人或组织结合在一起时才能促使其效率的增长（或负增长）（甄志宏，2005）。组织是为达到某些目标并受共同目标约束的个人团体。虽然制度与组织都为人们的相互交往提供了某种结构并对人们的交往进行约束，但二者是有严格的区别的。North（1990）在其经典专著《制度、制度变迁与经济绩效》一书中指出，什么样的组织会出现，以及组织如何演化均受到制度框架的根本性影响。即组织是在既有约束条件（这些约束既包括制度约束也包括经济理论中所说的其他传统型约束）所决定的机会集合条件下有目的地创立的。这

表明制度为组织提供了约束和规则，通过遵守或调解这些规则，组织配置资源的效率才能提高。制度与组织二者之间的关系并不是单项的，另一方面，组织也影响制度框架的演化，促进制度的变迁，甚至成为制度变迁的主角。

有效率的经济组织是经济增长的关键，一个有效率的组织的产生需要在制度上做出安排，以便对人们的经济活动产生激励。North（1990）指出，制度与组织的交互作用决定了制度变迁的方向。制度，与经济理论中那些标准的约束一起，决定了存在于一个社会中的机会。组织乃是为了利用这些机会而被创造出来的。组织的演化又会改变制度。作为结果的制度变迁路径取决于以下两方面：①由制度和从制度的激励结构中演化出来的组织之间的共生关系（Symbiotic）而产生锁入（Lock-in）效应；②由人类对机会集合变化的感知和反应所组成的回馈过程（Feedback Process）。其中，锁入效应的产生，是由于制度矩阵具有报酬递增的特征，而这种特征是从组织对其所由而生的制度框架以及衍生于制度的网络外部性（Network Externalities）的依赖中产生的。由于制度框架中蕴含着激励，因此，无论是正式的，还是非正式的制度约束，都会诱发生成特定的交易组织。这些组织的获利水平也由激励因素决定。而制度渐进式的变迁也是源于组织有如下感知：在既有制度框架的某些边际做些改变，将使它们的境况得到改善。

总结诺斯的观点不难发现，制度通过塑造人际交往中的各种约束和规则来减少不确定性，进而降低交易成本并影响组织的资源配置和经济绩效。科斯（1960）也论述了交易费用与资源配置之间的关系，他指出，当交易费用为正时，产权结构会改变资源配置。威廉姆森（1995）在前人研究的基础上，进一步论述了制度环境与经济组织相互作用的框架。威廉姆森认为，交易成本经济学主要关注经济组织内部合约关系的治理。然而治理并不是孤立进行的，各种备选治理模式的比较绩效，一方面随着制度环境而变化，另一方面也随着经济行动者的特性而变化，因此，他提出了一个三层次框架。按照这一框架，组织内部的治理结构这一分析对象既为更客观的特征（制度环境）所包容，也为更微观的特征（个体）所包容。制度环境被认为是各种替代参数的集中地，其中的变化引起治理的比较成本变化，而个人则是行为假定的出发点。

科斯（1937）在其经典文献"企业的性质"一文中指出，企业是对价格机制（市场）的替代，当利用市场交易可能支付额外的成本时，需要企业这一组织形式替代市场。由于交易活动的稀缺性，作为一种制度安排的市场的运行是有交易成本的，当交易成本高到一定程度时，以企业这种制度安排代替市场是必要的。然而，由于管理活动的稀缺性，企业的运行是有管理成本的。由于制度的边际成本递增，对企业的实际需求的约束条件是企业的边际管理成本等于市场的边际交易成本。企业作为现代经济体系的一种重要组织形式，是推动国民经济发展、构造市场经济主体、促进社会稳定的基础力量。因此，考察制度约束对企业资本配置效率的影响对进一步理解制度、组织与经济绩效的关系至关重要。

3.2.2　法律体系和司法制度对企业资本配置效率的影响

在探讨制度与企业绩效关系的研究中，很多研究考察了法律起源和司法制度对企业资本配置效率的影响。La Porta 等（1998、1999、2000、2002）关于"法与金融"的一系列研究发现，一个国家的法律起源和司法体系对公司治理结构和绩效有着重要影响。具体表现为：一个国家的投资者法律保护越薄弱，公司股权集中度越高；一国的投资者法律保护程度越高，上市公司的股利支付比例越高，公司价值越高。此后的研究也证实了这些结论（Lenunon 和 Lins，2003；Klapper 和 Love，2004；Boubakri 等，2005）。我国学者的研究也证实了投资者法律保护与公司价值之间的正相关关系（林钟高等，2012）。徐琳（2006）以我国转轨经济中的制度变迁为切入点，以我国上市公司为样本，检验了我国中小投资者法律保护发展对公司上市后长期业绩的影响，结果表明，随着我国中小投资者法律保护的发展，公司上市后长期业绩表现不佳的"异象"有所缓解。研究进一步证实了制度变迁对企业资本配置效率的长期影响。一些研究从会计信息质量方面考察了制度对企业会计信息质量的影响。Leuz 等（2003）发现，法律制度完善，投资者保护程度高的国家，其企业的盈余管理行为更少；反之，法律制度不完善，投资者保护程度低的国家，境内企业的盈余管理更严重。Daivd 等（2006）以欧盟国家的投资者法律保护制度和法律执行强度为视角，研究了司法制度对企业信息质量的影响。结果发现在法律制定和法律执行越好的国家，境内公司的会计信息质量越高，盈余管理水平越低。在以中国为背景的研究中，李增幅和曾慜（2017）以中国 A 股上市公司为样本，基于应计项目和真实活动两种盈余管理模式，检验了中国投资者法律保护水平对企业会计信息质量的影响。结果发现，基于两种盈余管理模式的检验得出了不同的结论，投资者保护法律制度降低了应计项目盈余管理，同时却提高了真实活动盈余管理。此外，也有一些研究从投资和融资的角度检验制度对企业资本配置效率的影响。Ge 等（2012）通过对 22 个国家的上市公司的研究发现，法律制度能够降低代理风险，在投资者保护程度越强的国家，企业越能够获得更大规模的债务融资。Fan 等（2008）研究则发现，在投资者保护程度高的国家，公司的债务融资水平更低。以我国上市公司为研究对象的研究也证实了这一结论（肖作平和廖理，2012）。高洁等（2015）则从企业创新的角度探讨了法律制度对资本配置的影响。研究基于我国各地区市场中介组织的发育和法律制度环境指数，考察法律保护对企业创新的影响。研究发现，法律保护显著地促进了企业创新，为企业创新活动提供了激励。

3.2.3　金融制度对企业资本配置效率的影响

金融发展对于经济增长来说是重要的，对于二者的关系金融学家一直在不断的探索和争论中。一些经济学家认为金融发展能够促进经济增长（Schumpeter，1911；Goldsmith，1969；Levine，1997），金融发展有助于风险的交易、资本分配、管理者监督、增加储蓄以及增加商品和服务的的交易，对经济增长而言是重要的。也有一些经济学家对此持反对意见，认为，金融发展只是经济增长的结果而非原因。对于二者关系的争论，一些学者实证检验了二者的关系，结果支持"分配金融资源"理论，认为金融市场发展有利于发展经济的一个重要原因在于金融市场的发展能够有效地分配资金，减少企业面临的融资约束，进而提高企业绩效（Greenwood 和 Jovanovic，1990；King 和 Levine，1993）。基于我国背景的研究也证实了这一结论。Ayyagari 等（2009）利用中国企业数据,考察了金融体制对企业绩效的影响,结果发现获得正规融资的企业销售额增长和生产率增长更高,而依赖民间金融体系的企业绩效更差。李科和徐龙炳(2011)以2005年短期融资券的退出为自然实验,研究了金融创新对企业经营业绩的影响,为金融发展与经济增长之间的关系提供了微观视角的证据。研究发现,当短期融资券成为企业潜在的融资工具后,能够利用这一金融工具的企业在负债能力和投资能力方面有了大幅提高,其经营业绩也得到大幅增长,表明金融工具创新和金融市场发展对公司价值产生了显著影响。

3.2.4 产权保护对企业资本配置效率的影响

Johnson 等(2002)利用五个转轨经济国家的企业数据,研究了产权保护、契约执行对企业绩效的影响,结果发现在产权保护力度低的国家,境内企业再投资率较低,而契约执行力度对企业再投资的影响并不稳定。Cull 和 Xu(2005)利用中国企业数据,考察产权保护、契约执行对企业绩效的影响,结果发现契约执行力度和产权保护程度均对中国企业再投资率有显著的正向促进作用。Lu 等(2012)同样以中国企业为研究对象,在将企业绩效的衡量指标变为劳动生产率和全要素生产率后,同样得出了产权保护力度和契约执行程度对企业绩效具有显著正向促进作用的结论。这些研究表明,虽然同样是对转轨经济国家进行研究,但由于中国的经济转型已经比较成熟,因此契约执行程度和产权保护力度对企业业绩的影响更为显著。

3.2.5 政府政策对企业资本配置效率的影响

政府在经济发展过程中发挥着十分重要的作用(Knack 和 Keefer,1995;Easterly 和 Levine,1997)。当前处于转轨时期的中国,由于制度和法律的不完善以及不确定性因素较多,政府干预是不可忽视的外部关键制度因素(辛清泉等,2007)。在货币政策方面,Beaudry 等(2001)利用英国1970—1990年上市公司的数据,研究发现20世纪80年代英国货币政策频繁变动,此时上市公司投资的总体方差较70年代显著变小,反映了面对货币政策带来的不确定性,企业投资行为趋于一致的特点,说明货币政策的变化对企业投资行为影响的机理。Kashyap等（2000）指出，紧缩的货币政策会减少贷款的供给，进而影响企业投资。Klein和Marquardt（2006）运用美国过去50年的数据发现，企业亏损不仅与会计稳健性相关，更与宏观经济周期相关。陆正飞和祝继高（2009）研究发现企业在货币政策紧缩时期会增加现金持有量，以备不时之需，这可能正是因为企业面临的信息环境不确定所造成的。姜国华和饶品贵（2011）提出以宏观经济政策与微观企业行为互动为基础的会计与财务研究框架，并以货币政策变动对企业融资、会计选择、经营业绩的影响为例说明这个框架对会计与财务研究可能产生的影响，拓展了会计与财务研究的新领域。这些研究表明宏观经济政策的改变会影响企业管理者对未来经济前景的判断，进而调整企业的财务和会计政策。饶品贵和姜国华（2011）的研究表明在货币政策紧缩时期，银行会倾向于对会计稳健性更高的企业发放贷款以保障贷款的安全，这将促使企业采用稳健的会计处理以争取更多的信贷资源。

利率政策的改变可能对企业的资产定价产生影响，其原因是宏观经济的改变可能影响折现率的变动，从而影响企业的资本成本。Bernanke和Kuttner（2005）利用1973—2002年美联储131次利率变化的观测，通过利率期货计算非预期的利率变化，在短窗口内考察CRSP市值加权指数回报率对非预期利率变化的市场反应，他们发现两者之间存在显著负相关关系，说明利率政策的变化会反映在资产价格上。黎文靖等（2014）从投资效率的角度出发，发现以行政手段进行的产业政策调控，会使得企业投资效率下降。毕晓方（2015）研究认为应减少产业政策等政府资源配置手段的运用，发挥市场资源配置的决定作用。程俊杰（2015）研究指出创新补贴与产能利用率之间的关系显著为负，政府补贴对创新效率具有副作用。Hamilton（1791）提出了产业保护观点，认为应采取政策保护国内的新兴行业。Lall（2003）和Hausmann（2006）也充分肯定了产业政策的重要作用。宋凌云等（2013）研究发现，地方政府的重点产业政策总体上显著提高了地方产业的生产率。陆国庆等（2014）发现政府对战略性新兴产业创新补贴的绩效是显著的，创新的外溢效应也是显著的。张婷婷等（2017）研究表明，地方政府产业政策的出台加剧了辖区内上市公司的融资约束程度。张婷婷等（2019）的研究发现地方政府发布的产业政策显著提高了辖区内受影响企业的创新效率，具体表现为与未受到产业政策影响的企业相比，受影响企业的专利申请总数、发明专利申请数及实用新型和外观设计专利申请数显著增加。

3.3 管理者特质与企业行为和绩效

人类经济活动究其本质是由人参与和实施的社会活动，因此对交易中的个人进行区别和研究对理解经济活动是大有裨益的。在经济学分析中，生产、资源配置方式和收入分配是最基本的研究问题。在新古典经济理论的分析框架中，一个重要的基本前提是"完全理性假设"，在此假设下，交易主体具有完全理性，能够搜集到交易所需的所有信息并据此估计结果的各种可能性，进而实现其效用最大化。在这样的分析模式中，完全理性的管理者是同质的并且是可以相互替代的。因此，企业管理者在决策过程中是无差异的，其个人特质不会对经济决策产生影响。然而"理性人"假设与现实世界是有很大差异的，交易成本也是现实存在的，交易成本的存在意味着交易者不能总是拥有完备的交易信息，为了获取准确的市场信息，人们需要承担一定的费用，因此，完全理性的交易者是不存在的。

在确认交易成本的存在以及将"完全理性假设"放宽为"有限理性假设"的基础上，詹森（Jensen）和梅克林（Meckling）在1976年创造性地提出了委托代理理论。委托代理理论认为，企业经营权与管理权分离后，由于企业经营者和所有者的目标函数不一致以及双方信息的不对称，管理者可能会出于自身私利而侵占股东权益，出现逆向选择和道德风险等问题。在提出代理成本的基础上，委托代理理论指出企业需要设置一系列的公司治理制度和契约来规范和约束经理人的行为，使其做出最大化公司利益的决策。在委托代理理论的分析框架下，不同管理者的利益诉求和效用偏好是不同的，这就承认了管理者的异质性，意味着在同样的资源禀赋下，不同管理者的决策可能是不同的，即管理者个人特质会影响企业决策和绩效。委托代理理论虽然承认管理者效用偏好的差异会对其决策产生影响，但是认为有效的监督及合同激励可以促使不同质的管理者做出同样的决策（Christensen 和 Feltham，2003），因此委托代理理论认为管理者个人特质对公司决策及企业绩效产生极其有限的影响。

经济活动和交易过程总是伴随着人类社会的发展，在人类社会中，每个人都遵守自己所属群体的规则、习俗和行为模式，并凝结出共同的社会价值目标，激励着该共同体成员对经济和社会的发展做出自己的贡献（陈庆德，2007）。就人类发展整体而言，各种制度决定着经济绩效的增长，并为经济活动和经济过程提供方向。制度构成了经济过程的核心结构，并造就了在此框架中人们行为的动力、规范及形式。制度及其变迁支配社会和置身于社会中的个人的行为，规范着人们行为的方式，影响利益分配、社会资源配置的效果和效率。制度是一种群体选择的结果，它通过影响群体中个体的信念来对其行为产生约束。社会学研究中的"文化与制度及价值协同进化"理论认为，个体与群体共同演化，在不同的社会结构中，群体中个体的特征会影响群体的演化进程和结果，反之，群体特征也会对个体特征产生影响（Bowles 和 Hoptensitz，2000）。制度构建了一个地区通用的社会规范，这些社会规范规定了一系列被成员认可的社会行为标准。当个体行为符合标准时会受到社会的支持，反之由于行为与群体中多数人不一致，违反了社会规范会受到惩罚。为了免于惩罚，群体成员会模仿他人的行为。综上，社会学理论认为企业管理者决策不仅受到给定资源禀赋的限制，同时受到其置身其中的制度的影响。在给定相同条件的情况下，受不同文化等社会制度影响的管理者会做出不同的决策。管理者有意识或无意识地遵循着规范、习惯和习俗（Berger 和 Luckmann，1967）。

行为经济学理论作为一种实用经济学，将经济理论、经济运行规律和心理学、行为学等学科联系起来，探讨了管理者行为对企业决策的影响。Cyert、March（1963）和 March、Simon（1958）指出复杂决策往往是行为影响因子的产物而非机械地追求经济最优的结果。由于受有限理性、目标多元化、目标冲突、选择的多样性及追求的不同层次等因素影响，复杂的决策往往很难基于技术经济学理论做出。此时，利用行为经济学来对决策进行分析往往是更合适的，并且决策越复杂，行为理论的分析范式越合适。因此，在分析战略决策时，行为理论尤其适用，这是因为战略决策更加复杂并且对企业的影响十分重大。

Hambrick 和 Manson（1984）利用"高阶理论"分析了企业管理者的特质对企业决策的影响。Hambrick 和 Manson 将研究的决策定为与企业战略有关的决策，因为这些决策更加复杂，对企业影响更大。战略相关决策是与企业存货决策和信用政策等经营决策相对应的。每一个决策者都将其自身固有特征带入到决策情景中，决策者的这些固有特征反映了决策者的认知基础，如关于未来事件的知识和假设，关于备选决策的知识，关于备选决策可能导致的结果的认知等（March 和 Simon，1958）。同时，决策者的固有特征还反映了决策者的价值观，如对结果的排序准则和根据偏好设定的备选方案等。如果决策包含很多行为因素，那么决策在一定程度上会反映决策者的异质性。当决策者受到来自组织内部和外部的持续的潜在刺激时，决策者自身的固有特征对刺激会产生影响。决策者自身固有特征会过滤甚至扭曲决策者对客观情况的认识和对解决方案的理解。在进行战略决策时，决策者不能完全地理解所面临的复杂情境和现象，因此，决策者会将其认知基础和价值观考虑进来进而进行决策，但是这些认知基础和价值观会致使决策者对情况的理解与实际情况存在差异。决策者的感知过程是一个连续的过程。首先，经理或者管理者团队不能够洞悉公司及其环境的每一个方面，经理关注的视野是有限的，因此会在很大程度上限制其最终的认知。其次，由于决策者只能理解其关注领域的一部分，因而其对现实的认知进一步受到限制。最后，在进行决策信息的处理时，决策者的认知基础和价值观将对其理解产生影响。此外，决策者对现实情况的理解和其价值观共同决定了战略选择的基础。一方面，价值观通过影响决策者认知来影响决策结果，另一方面价值观能够直接影响决策结果。"高阶理论"认为，管理者的异质性对企业决策是重要的，能够影响企业决策的过程和结果。

在"高阶理论"被提出后，管理学及会计学领域的学者通过访谈、问卷调查实验及大样本数据研究等方法证实了管理者个人特质对企业决策的影响。Bertrand 和 Schoar（2003）通过选取在两家上市公司分别至少有3年工作经验的管理者构造了公司-管理者的配对数据库，利用了管理者固定效应模型，考察了管理者异质性对公司财务行为的影响。结果发现，管理者异质性能够影响公司的重大财务决策。此后，Bamber 等（2010）采用这一方法，发现管理者异质性能够影响公司的自愿信息披露行为。Kaplan、Klebanov 和 Sorensen（2012）分析了公司CEO的30种特征，并采用因子分析的方法将这些特征分成两类：一类为普通能力；另一类为执行能力。作者进一步研究发现，公司业绩与CEO的这两种能力正相关。Tate 和 Yang（2015）研究发现当女性位于公司领导地位时，公司会形成对女性友好的文化氛围。Benmelech 和 Frydman（2015）的研究表明，拥有参军经历的CEO在制定公司政策时更保守，其公司投资更少；同时，如果公司CEO有参军经历，则公司更加诚信，其违法行为更少。Sunder、Sunder 和 Zhang（2017）探讨了公司CEO个人的飞行爱好与企业创新产出之间的关系，研究发现，如果一个公司的CEO拥有飞行驾照，那么该公司的专利数量更多，并且多元化专利和原创专利数量更多，该研究进一步证实了公司高管特质对企业产出的影响。我国学者也从人口统计学特征和心理特征两个方面考察了管理者异质性对企业决策和绩效的影响。结果发现，管理者教育水平、年龄、性别、经历等对企业决策具有显著影响（姜付秀等，2009；张兆国等，2011；吕文栋等，2015；赖黎等，2016）；同时，管理者心理特征也显著影响企业的各类决策（姜付秀等，2009；余明桂等2013；梁上坤，2015）。

4 中国区域文化变迁与地区经济差异

改革开放40年以来，我国经济迅速发展，创造了中国发展的奇迹。与此同时，一个不可忽视的问题就是，国民经济从地域和空间上裂变出发达地区与欠发达地区两种明显的类型，即我国经济发展的区域差异明显。区域经济差异是指在一个统一的国家内部，一些区域比另一些区域有更快的增长速度、更高的经济发展水平和更强的经济实力，致使空间上呈现发达区域与欠发达区域并存的格局。本书旨在从微观企业的视角出发，探索区域文化这一非正式制度如何影响辖区内企业的决策和行为，进而为制度影响区域经济增长和经济绩效提供线索。因此，深刻分析我国经济发展中的区域差异及区域文化的变迁是十分必要的，本章将就这些内容展开详细讨论。

4.1 中国区域经济发展变革及差异

党的十九大报告中指出，"我国社会主要矛盾已经转化为人民日益增长的美好生活需要和不平衡不充分的发展之间的矛盾"，不平衡的表现是多维度的，而区域间经济发展不平衡就是其中一种。

对于我国区域经济差异，学者们运用多种计量分析方法和理论框架对不同时空尺度的中国区域经济差异进行了大量研究。一些学者从省际经济差异视角出发，考察了我国省域空间经济增长的差异，结果发现20世纪90年代以来，我国的省际经济差异呈不断扩大的发展趋势（Fan 等，1995；Fan 等，1997；Fan 等，2008）。陈培阳和朱喜钢（2012）进一步采用变异系数、泰尔系数、Moran's I、尺度方差等指标对中国区域经济差异进行差异测度，研究发现，区域经济差异在省际表现出差异增大的演变趋势，并且空间尺度越小，区域经济差异越大。也有学者从沿海与内陆的区分来研究我国区域经济差异的变化和发展，指出沿海与内陆经济差异的客观存在，同时提出地理优势和优惠政策对沿海经济的增长具有重要影响（Sylvie，2002）。第三种衡量区域经济差异的划分方法是城乡经济差异，周叔莲和郭克莎（1994）指出我国城乡收入差距总体上呈扩大趋势。第四种划分方法是使用做多的方法，即将我国31个省、自治区、直辖市划分为东、中、西和东北四大区域，进而考察区域之间的经济差异。其中东部地区包括北京、天津、河北、上海、江苏、浙江、福建、山东、广东、海南10个省（直辖市）；中部地区包括山西、安徽、江西、河南、湖北、湖南6个省；西部地区包括内蒙古、广西、重庆、四川、贵州、云南、西藏、陕西、甘肃、青海、宁夏、新疆12个省（自治区、直辖市）；东北地区包括辽宁、吉林、黑龙江3个省。

对于区域经济增长差异的影响因素，学者们从多个角度进行了分析。古典经济增长理论认为，资本是区域经济增长的首要因素，因此地区间的资本要素差异决定了不同区域间经济发展的差异。我国学者利用中国经济数据证实了资本对我国经济增长的重要性（王绍光和胡鞍钢，1999；洪银兴，2002，王小鲁，2000）。资本作为经济增长不可或缺的关键要素，其在各个地区之间的流动会导致区域经济增长差异和地区经济发展的不平衡。资本流动对地区经济发展差异的影响得到了我国学者的证实（李红松等，2004；类淑志和张耿庆，2003）。除对资本要素对区域经济增长差异的分析外，技术要素作为一种生产要素也可能导致经济发展过程中的区域不平衡发展。技术对经济增长的促进作用是毋庸置疑的，技术进步可以显著提高资本的配置效率，使得相同数量的要素投入获得更多的产出。我国学者的相关研究也证实了技术要素对区域经济差异的影响（杨晓光等，2002；郭庆旺等，2005）。

除生产要素的影响外，也有学者从地理条件和文化等方面考察区域经济差异的影响因素。地理条件决定论认为一个地区的地理环境对地区经济具有关键作用，该理论认为一个国家或地区的地理位置决定了其自然资源数量、气候条件、交通和区位优势等，这些因素又直接影响物质资本投资、人力资本质量和技术进步。地理条件不仅影响内生要素发展，还直接作用于生产并决定经济增长（Sachs，2003）。文化决定论则认为不同的文化决定了不同的经济行为和行为约束机制，决定了经济个体不同的行为约束集和经济体不同的增长率，经济个体的行为约束集又随着经济的增长而发生变化，再次作用于经济个体的行为。文化是经济增长的原因，并最终导致经济增长，是经济增长的内生要素。

4.2 中国区域文化的发展与变迁

区域文化是一个地域因地理条件、自然环境和行政区域不同而形成的物质文化和精神文化的总和（卜宪群，2019），它包含着特定空间范围内人们精神世界的表现，也包含着在这一精神的支配下人们的创造，从而与社会的发展和进步紧密联系在一起。中华文化源远流长，中华民族五千多年的历史在发展中受地理、人口、宗教和经济等因素的影响形成了我国特有的丰富的区域文化。对于区域文化的探讨是社会学和史学研究的一个重要分支，伟大的史学家司马迁在《史记》中，就从自然地理和政区地理划分的视角，论及自先秦至汉代区域文化在经济、社会、文化风俗、政治等领域的作用，可谓开中国区域文化研究之先河。与社会学、文化史学等学科对于区域文化的丰富研究相比，经济学和管理学对于文化尤其是区域文化对经济绩效和微观企业决策的影响的研究仍处于初期阶段，亟需理论界更深入地研究。

文化的伟大意义，在于它能够在一定程度上超越政治、经济、社会的种种局限性，呈现出其较有永恒性的跨时空的功能。文化的传承及其弘扬，虽然也会受到不同时期政治、经济及社会等种种因素的干扰，但是其所承载的中华文化的核心价值观，却往往能够穿越政治、经济、社会等因素的干扰，沿着自己发展的应有轨道向前迈进（陈支平，2019）。文化与经济二者之间具有相互影响的关系，区域文化通过信仰、习俗等将单个的个体联结成彼此联系的有共同价值观念的群体。受到相同区域文化影响的群体成员，人们的思维和行为方式体现着所在社会文化的深刻烙印，区域文化特征不可避免地影响着经济活动的各个方面（Schwartz，1994；Hofstede，1980）。中国文化历经五千多年的发展，区域文化的划分也经历了不同时期的变迁，为了更好地探讨区域文化对地区经济发展和微观企业决策的影响，有必要对我国区域文化的发展和变迁进行系统的梳理。

从考古学的角度，根据考古遗址，我国区域文化大体可以划分为黄河流域文化区、长江流域文化区、珠江流域文化区和北方（以燕山南北、长城地带为中心）文化区。从历史发展的角度来看，中国区域文化的形成经历了特定的道路，具有不同的特点。春秋战国时期的区域文化格局形成，基本上发生在东部汉族区域的内部，到隋唐以前，共同性渐增，差异性渐减。但在隋唐以后，以少数民族文化为主的新的区域文化又加入进来，起初是与汉文化频繁发生摩擦和冲突，甚至对立，后逐渐变成了汉文化圈内的组成部分，走上共同性渐增，差异性渐减的轨道。春秋战国之前，差别迥异的区域文化在中华大地上已经大放异彩，奠定了文化分区的基础。根据历史发展、民族和语言等特点，通常将我国这一时期文化区域划分为，齐鲁文化区、燕赵文化区、三秦文化区、三晋文化区、楚文化区、吴越文化区、巴蜀文化区和其他文化区。秦汉以后，大一统的国家建立，但区域文化没有因此而湮灭。此后历代无论处于统一还是分裂时期，区域文化大都没有被深刻改变。在对中国区域文化的学术研究中，赵向阳等人（2015）基于多学科的文献综述，提出了一个类似马赛克拼图式的中国区域文化地图模型。其中文化价值观和文化习俗在每个模块内部相对同质，而在模块之间则相对异质，但是，这些模块之间以一种耦合的方式在"多元化"的基础上构成了一个"大一统"的整体。根据影响文化的外部因素，中国的区域文化可以分为11种类型，分别是黄土高原文化、华北平原文化、长江上游山地文化、长江中游平原文化、长江下游平原文化、东南沿海海洋文化、东北森林与农耕文化、北方草原文化、绿洲与沙漠文化、雪域高原文化和大都市文化。而根据与工作和管理有关的文化标准来划分（例如，GLOBE文化习俗），这11种文化类型又可以聚合为7种类型，它们分别是黄河中下游文化圈、长江中下游文化圈、西南山地文化圈、东南沿海海洋性文化圈、北方农牧接壤文化圈、西藏雪域高原文化圈和国际性大都市文化圈。进一步地，如果根据更加抽象的、更加普适的文化价值观（例如，施瓦兹文化价值观）来分类，这7种文化类型又可以进一步聚合成4种类型，分别是黄河-长江文化圈、海洋-都市文化圈、森林-绿洲文化圈和高原-山地文化圈。李德勤（1995）、陈金川（1998）、王恩涌和朱建颂（2008）等人将汉文化内部的区域文化进行了进一步的划分，主要包括关东文化、燕赵文化、三晋文化、齐鲁文化、中原文化、关中文化、甘陇文化、徽文化、巴蜀文化、滇黔文化、江淮文化、荆楚文化、吴越文化、岭南文化、八桂文化、客赣文化和闽台文化。

对区域文化进行划分的另外一种重要依据就是借助行政区域的划分，按照行政区域将不同地区划分为不同的文化区域。高翔和龙小宁（2016）指出，在唐朝以前我国行政体系主要实行郡（州）县两级制，由于郡（州）的数量过多，管理幅度过大，唐朝时开始尝试实行三级管理体制。唐朝按长江、黄河、秦岭、剑阁等主要山川河流地理屏障将全国分为10~15个"道"，这种划分思路尽可能保证了同一区域文化归属同一道。北宋在唐朝15"道"基础上继续细分，将其所统治的范围划分成24个"路"，而同一历史时期的辽国也按同样逻辑将其统治区域划分为若干个"道"，这一思路进而被后来的南宋和金政权沿袭。因为区域文化的形成与天然地理屏障间的密切联系（李德勤，1995），使用这种划分思路虽然不能保证每个一级政区内只有一种区域文化或者每种区域文化都只在一个一级政区内，但导致的文化分割情况很少。但是到了元朝，出于蒙古统治集团对地方凭险割据对抗中央的担忧，一级政区的划分思路发生了重大变化，不再以天然地理屏障为标准来划分一级政区

"行省"，而是每个"行省"内部都横跨一个或数个大型山脉或河流。如魏源《圣武记》中所说："合河南河北为一而黄河之险失，合江南江北为一而长江之险失，合湖南湖北为一而洞庭之险失，合浙东浙西为一而钱塘之险失，淮东淮西，汉南汉北，州县错隶而淮汉之险失。""元代省的设立立意在'镇抚'而非'牧民'，省乃行政性的军区。"明朝的一级政区"布政使司"对元朝的"行省"进行了细分，但打破地理单元的区域文化分布的思路没有改变。此后，明朝的这种行政区域划分除名称改变和个别地区的微小调整外，其大体格局经过清朝、"中华民国"一直延续至今。由于同一个行政区域内的人们在经济、政治等方面具有一致性，因而逐渐形成相互差异的文化。基于此，一些学者在研究区域文化时借助行政区域的划分，按照行政区域将不同地区划分为不同的文化区域。本书主要研究区域文化作为一种非正式制度如何通过对微观经济单元——企业——的决策产生影响，进而影响其业绩并进一步影响区域经济的发展。基于研究我国不同省份之间经济差异的目的，本书借助行政区域的划分区分区域文化是合适的。

4.3　区域经济发展中的文化因素

制度经济学理论阐释了文化作为一种非正式制度对经济的发展具有重要影响。二者之间具有紧密的联系：一方面，文化作为一种制度安排形塑了人们的经济行为；另一方面，经济发展也会对文化产生影响。在区域经济发展的过程中，一个令人疑惑的问题就是，一个地区与另一个地区在资源禀赋和经济体制等基本相同的情况下，经济发展的差距为何很大？为了回答这一问题，系统地考察一下区域文化对地区经济发展的作用是必要的。

区域文化对区域经济发展的影响的内驱力来自区域文化有助于降低交易成本进而促进经济发展。文化是"由教育与模仿而代代相传的，并能影响行为的那些知识、价值及其他因素"（Boyd 和 Richerson，1985）。区域文化作为一种非正式制度是一种人为设计的社会博弈规则，用于界定社会个体间的相互关系和行为范式，使得区域内的人们形成一种共同的价值观和行为规范。当人们的行为符合这种价值观和行为规范时，会得到社会的认同；相反，当人们的行为违反社会普遍接受的价值观和信念时，将因此受到惩罚。因此，人们在行动时会避免违反社会规范而招致惩罚。区域文化增进了共享相同价值观念的同一地区人际之间的相互信任。信任是社会系统的"润滑剂"和重要的社会资本，也是影响经济增长和组织绩效的重要因素，能够有效降低委托人与代理人之间的信息不对称，约束代理人的道德风险行为，并降低契约的监督与执行成本。Akerlof（1980）指出，社会中认可并遵循某类规范的人越多，其个人遵循此类规范的激励也就越高。因此，在信任程度高的地区，人们会更加重视诚信，相互之间的信息隐藏和欺诈行为较少，进而缓解该地区信息不对称程度；同时，声誉型信任的"连坐制"会放大个人不道德行为并加重其受到的惩罚，这会有效减少个人的机会主义行为，进而降低地区信息不对称和潜在的道德风险问题。张维迎（2001）和刘凤委等（2009）进一步指出，个人所处的组织是信任的重要来源，组织的声誉会直接影响到外界对其内部成员的信任度，而组织内部个体成员的行为也将深深地影响该组织的声誉和形象，进而形成一种类似于"连坐制"的声誉型信任。在这种情况下，个体的不道德行为会影响其所在组织（地区或团体）的声誉，导致其不道德行为被放大，而组织声誉又会影响到外界对个体成员的认识（尤其是初始印象），导致自身更可能不被信任。

5 文化背景与理论分析

本章将具体介绍本书的文化制度背景并从理论上厘清文化影响企业决策的路径和机理及管理者个人文化特质对二者关系的影响。

5.1 区域文化形成的影响因素

文化的形成是一个漫长的历史演变过程，其形成受到诸多因素的影响。中国是一个拥有五千多年历史的文明古国，在中华文化的母体中又孕育出各具特色的地区文化。各个地区文化差异的形成是诸如地理环境、宗教信仰、历史变革、语言、政治和经济等多种因素共同作用的结果，正是这些因素长期的作用才形成我国各地区多彩的文化。

5.1.1 地理环境因素

地理环境对人类社会的发展施加着重要影响，它作用于人类精神、气质和行为特征，深刻影响乃至决定了文化的形成，是各种类型的文化形成的基础。德国著名的思想家、哲学家黑格尔曾经阐述过地理环境对人类文化的影响，他将整个世界分为三种不同的地理环境，分别为草原广袤的高原地区、大河流域的平原地区和与海洋毗邻的沿海地区。黑格尔指出这三种不同的地理环境造成当地民族经济生活特点的差异，进而造成民族的性格、精神与文化的区别。英国现代生物化学家、科学技术史专家李约瑟从地理环境的角度分析了中国文化的发展及其与西方文化的区别，他指出"地理因素是造成中国与欧洲文化差异以及这些差异所涉及的一切事物的重要因素"。地理环境对人类文化的影响主要通过地形和气候两个因素发生作用，在潜移默化中塑造人类文化。

临海地区尤其是岛屿地区，由于陆地面积狭小、生存空间有限，在人类还没有掌握先进的技术，无法对海洋进行改造时，海洋民族的活动受到海洋的限制。因此，海洋民族扩大自己生存活动空间的意愿较为强烈，其民族文化也更具有外扩动力和探索欲望。从15世纪末开始，西班牙和葡萄牙开始了对外侵略和殖民扩张，他们从欧洲西部横跨大西洋到达美洲对美洲大陆进行侵略和殖民，又从墨西哥横跨太平洋到达东亚和东南亚，在此过程中也对非洲大陆进行了掠夺。从16世纪末开始，英国和法国国力逐渐强盛，也加入了对外侵略的队伍，并且逐渐取代了西班牙和葡萄牙的世界霸主地位，成为在世界范围内拥有大面积殖民地的国家。英国、法国、西班牙和葡萄牙等国家对外进行侵略殖民的一个很重要原因就是，这些国家均为海洋国家，国土面积不大，又无法对海洋进行改造，生存空间狭小，资源也有限，无法满足其发展壮大的需要。因此，对外侵略成为其扩大生存空间、获取资源的一种方式。另外，海洋民族在与大海的长期接触中，了解了大海的凶猛和不可控制性，同时也在长期的观察和接触中，掌握了一些海洋运动的规律。面对茫茫无尽的大海，对于未知的好奇使得海洋民族更愿意去探索，进而其民族文化更具有冒险精神。15世纪末开始的航海运动正说明了这一点，1492年，哥伦布从欧洲出发到达了美洲，拉开了发现新大陆的帷幕，此后直至1504年的10多年间，哥伦布共4次到达美洲。在此期间，1497—1498年，达·迦马率领船队绕过非洲好望角到达了印度，1502—1503年和1504年他再度到达印度。航海活动为世界各地之间的联系和往来奠定了基础。与海洋民族相比，大陆民族的生活环境比较平稳安定，与其他地区的交流也更便利，因此对于外部世界的好奇和探索心并不强烈。另外，不同于海洋环境，大陆地形可能由于自然的山脉和河流等受到阻隔，使得大陆民族文化更倾向于闭塞和保守。上述分析均说明地形环境对民族特点的形成具有直接而重要的影响。

除地形外，气候作为自然环境的一个方面也会对人类文化的形成产生重要影响。人类活动受到气候及其变化的重要影响，在技术不发达的时代，人类只能被动地接受气候的影响。随着技术的发展，人类开始发挥主观能动性对气候施加影响，但即便在科技日新月异的今天，人类也只能在一定程度上对气候施加影响，在面对一些极端气候时人类仍无良策。气候特征决定了人们生活的方式。例如，湿润多雨的气候更利于植物的耕种，促进了农业文明的发展。农业生活的稳定性使得地区文化更加平和、保守。而干旱的气候不利于农作物的生长，此时人们更多地以畜牧业为生，游牧生活充满着不确定性，这就促成了游牧民族进取和敢于冒险的文化特质。

中国国土面积广大，共960多万平方千米，同时我国疆域辽阔，国土从最西端帕米尔高原乌兹别里山口的东经73°40′到最东端黑龙江和乌苏里江交汇处的东经135°2′30″，共横跨了60多个经度；从最南端南沙群岛曾母暗沙的北纬3°52′到最北端漠河以北黑龙江主航道的北纬53°33′，跨越了近50个纬度。由于地壳运动，在这片广袤的土地上，存在多种地形。整体上我国地势呈现西高东低的特征，形成了三级阶梯，第一阶梯位于昆仑山、祁连山之南，横断山脉以西，喜马拉雅山以北，主要包括青藏高原，平均海拔4 000米以上；第二阶梯主要由高原和盆地组成，具体包括内蒙古高原、黄土高原、云贵高原、准噶尔盆地、四川盆地和塔里木盆地，平均海拔1 000～2 000米；第三阶梯主要由平原和丘陵组成，具体包括东北平原、华北平原、长江中下游平原、辽东丘陵、山东丘陵和东南丘陵，大部分海拔在500米以下。在这些地形之外，我国还有戈壁、沙漠等。另外，从与海洋的距离来看，我国东部地区临近海洋，其余地区则远离海洋。从气候上来看，在地形和纬度的共同作用下，我国气候类型呈现多样性，主要包括温带季风气候、亚热带季风气候、热带季风气候，温带大陆性气候以及高原气候和高山气候。气候类型决定了地区温度和降雨量，在季风性气候地区，年降雨量较大，而在大陆性气候和高原高山气候地区，年降雨量较小。复杂多样的地形和气候因素塑造了我国文化的多样性，使得各地区文化差异巨大。在大陆性气候的内蒙古地区，由于降水量和温度的原因，该地区更适宜发展畜牧业。畜牧生活的不确定性造就了该地区人们粗犷彪悍、不拘小节、积极进取的文化特征。在青藏高原地区，由于气候的恶劣以及地形地势形成的天然屏障，使得当地与外界交流较少，形成了该地区稳定少变、保守的文化特征。在东南部沿海地区，受益于海洋运输的发展，这些地区最早接受西方的文化及技术，因此使得这些地区的文化更加包容和开放。在文化形成以后，由于河流、湖泊、山脉等自然阻隔，我国各地区文化的差异被长期保留。

5.1.2 人口因素

人口因素对文化的影响主要体现在人口结构、人口迁移等方面。霍夫斯泰德（2001）的研究发现人口越密集，地区权力差距越大，这可能是由于在资源总量一定的条件下，人口越多，资源越稀缺，在分配资源时需要进行的协调越多，但这种协调工作往往是艰难的，这也就促使人们对权力差距的容忍度增加。此外，霍夫斯泰德还发现，人口平均年龄越高，文化维度中的稳重气质越低，这是由于年轻人比较年轻气盛，做事比较冲动，而随着年龄的增长，人们会变得越来越稳重和平和。最后，人口构成中女性比例越高，文化维度中的阳刚气质越低。人口结构中的民族多样性也会对文化产生影响。不同民族在生活习惯、语言、宗教信仰、传统习俗等方面存在巨大差异，这些差异在民族文化的塑造过程中发挥重要作用，民族的多样性增加了一个国家内文化的差异。中国历来是一个多民族的国家，中国历史的发展和演变就是汉族与各少数民族融合的过程。中华人民共和国成立后，全国通过官方识别和确认的民族一共有56个。我国各民族分布的特点是大杂居、小聚居，交错杂居。很多少数民族有自己的语言、文字、宗教信仰、习俗等。语言和文字是传播文化的重要途径，由于语言和文字不同，加上少数民族的聚居性，使得各民族形成自己特殊的文化，增加了我国地区文化的丰富性。

　　人口的迁移也是影响文化的一个重要方面，人口迁移会促进不同文化的融合。小规模的人口迁移只在一定范围内产生不同文化的碰撞，对文化融合的影响比较微弱，而大规模大范围的人口迁移则会对文化融合产生广泛而深远的影响。从世界历史来看，欧洲人发现美洲大陆，大量地屠杀印第安人，使得印第安人几近灭绝，印第安文化遭到了毁灭性的打击，同时欧洲人带来了欧洲文化，欧洲文化与印第安文化的融合使得印第安文化进一步弱化；另外，欧洲殖民者通过罪恶的"三角贸易"将非洲黑人运到美洲充当奴隶，大量的非洲人被卖到美洲各个地区，这些非洲黑奴也将非洲文化带到了美洲大陆的各个地方，促进了文化之间的融合；中国元朝的扩张使得疆域包括了现在的西伯利亚地区、中亚、东南亚等地区，大范围的扩张也将蒙古文化带到了这些地区。直到今天，匈牙利（Hungary）的国家名称和人种与历史上的匈奴人入侵仍然紧密地联系在一起。古罗马人和印度人将匈奴称为"浑"、"浑尼"或者"胡那"，而 Hungary 中的 Hun 就是来自对匈奴人的称呼。

　　从中国历史发展进程来看，人口的大规模迁移也对文化融合产生了重要影响。蒙古族人在成吉思汗的领导下，统一了蒙古各部落并南下消灭了南宋政府，建立了元朝。元朝的建立使得蒙古族人入主中原，汉族人被蒙古族人统治，这一方面使得蒙古族人学习汉族文化，蒙古文化被影响，另一方面也使得汉族文化受到蒙古文化的冲击，促进了不同文化之间的融合。另外，明朝末年，满族人在努尔哈赤的带领下，统一了中国东北地区，进而进入北京城，消灭了大明王朝统一了中国，建立了清朝政府。清朝政府接近300年的统治同样使得满族文化与汉族文化互相碰撞，相互影响，两种文化相互交融进一步塑造了中国文化。19世纪中叶，黄河下游连年遭灾，黄河下游的中原百姓经过山海关涌入东北地区，迁移人口数量规模历史上最高，史称"闯关东"。人是文化的载体，人的流动实际上就是文化的流动，"闯关东"的兴起意味着中原文化向关东地区输入，其在关东地区快速扩散，使得中原文化与关东文化兼容并包。中华人民共和国成立以后，为了建设边疆，进行"三线建设"，400多万名工人、知识分子等迁移到祖国大西南、大西北地区，这些人口的迁移也将自身承载的文化带到了三线地区，进一步促进了文化的融合。

5.1.3 宗教因素

宗教是人类文化的一个重要组成部分，对文化整体的发展具有重要影响。英国著名文化哲学家、历史学家和文化史学家克里斯托弗·道森以西方社会自罗马帝国的衰亡到文艺复兴这段上千年的历史为起点，论述了其间各种基督教运动和基督教思想发生发展的历史过程，及其对西方社会政治经济制度的变迁、城市国家的兴起和文化教育的发展等的创造性的影响。他指出，"宗教是理解文化的关键，在文化的形成中起着重大作用""宗教在任何文化中产生的影响都是深远的。"

中国是一个多宗教的国家，主要有佛教、道教、伊斯兰教、天主教、基督教（新教）等五大宗教，同时还有儒家思想等。佛教于西汉年间传入中国，经过东汉时期的壮大，魏晋六朝的迅猛发展，成为中国宗教的一个重要组成部分，对中国文化产生了重要影响。当前，我国的佛教信徒主要聚集在西藏自治区、青海省和内蒙古自治区，其他地区也有相对零散的信众分布。道教产生于公元2世纪，是中国本土的一种宗教，以《道德经》为最高经典，以无为而治为主要思想，以老子为道祖，以符箓、炼丹、行气、服食为主要道术。受道教影响深远的文化更加具有人文主义关怀，更加重视平等性。当前，道教在我国并没有明显的集中分布，信众主要在中部地区和西南地区。伊斯兰教在唐宋时期，随阿拉伯商人传入我国。霍夫斯泰德（2001）指出伊斯兰教具有较高的权力差距和较低的不确定性规避。伊斯兰教在我国主要分布在新疆维吾尔自治区和宁夏回族自治区，同时其他地区也有一些零散分布。16世纪天主教由传教士传入我国，有时也将天主教称为"旧教"。天主教提倡"爱"，这种爱既包括对自己的爱，也包括对别人的爱。天主教的这种教义使得信众更具有人文关怀，也更重视人与人之间的平等，这必然会对文化产生影响。基督教（新教）实际源起于天主教，其主要的思想也提倡爱。已有研究表明天主教与高权力差距相关，而信奉基督教（新教）的国家，权力差距相对较低；信奉天主教的国家，其阳刚气质更高，不确定性规避程度更高，而信奉基督教（新教）的国家，其阳刚气质较低并且不确定性规避程度较低。同时有研究发现信仰天主教的国家其投资者保护力度比信仰新教的国家投资者保护力度更大（Stulz 和 Williamson，2003）。儒家思想由孔子创立，经过长时期的发展形成了完整的儒家思想体系，成为了中国传统文化的主流。在所有宗教信仰中，儒家思想对中国文化的影响最为广泛和深远。儒家思想贯穿中国人生活的方方面面、点点滴滴，不仅奠定了中国文化的基础，而且对东南亚国家、韩国和日本等国的文化产生了重要影响。

5.1.4 语言因素

语言是文化的载体，不同国家语言的组织形式和表达方式体现了其文化特质。例如，在韩语中，分为敬语、平语和半语。在同长辈、身份尊贵的人及职位高的人交谈时都要用敬语，在对话双方年龄相当时，社会地位较低的一方也需要对对方使用敬语。通常，当不知道需不需要使用敬语时会模糊使用半语。只有对话双方身份平等时才会使用平语。这一语言特征体现了韩国文化的长幼有序和尊卑分明的特点。再比如，法语具有极其庞杂的性数变化（阴阳性），不同人称和单复数在一起组合出了不论名词、动词、形容词都有各种组合变化的语法结构。这使得法语被誉为世界上最精确的语言，也被联合国定为"第一书面语"。这样的语言结构体现出其文化追求精准，不接受模棱两可，对不确定性规避的程度较高的特点。此外，语言是人与人之间进行交流的工具，也是文化传播的工具。语言的畅通是文化传播的基础，语言的隔阂则阻碍了文化的交流和传播，也自然区分了不同的文化。如果人们在交流中使用不同的语言，可能无法交流或者交流不畅，这就阻碍了文化的传播。我国是一个多语言的国家，从语言的系属来看，我国各民族使用的语言分别属于五大语系，分别是汉藏语系、阿尔泰语系、南岛语系、南亚语系和印欧语系。汉语是中国的通用语言，也是使用人数最多的语言。其中，普通话是通用语言，除此之外，还有七大汉语方言，分别为北方方言、吴方言、湘方言、赣方言、客家方言、粤方言、闽方言。方言的存在使得有时即便两个地理距离很近的地区的人们都无法交流，这自然就加剧了文化的差异性。除汉语外，我国还有80多种语言。语言既是文化的一个重要方面，也是文化传承的载体，对文化的形成和发展具有重要作用，我国丰富多彩的语言增加了我国文化的多样性。

5.1.5　经济发展因素

经济发展对文化发展具有重要影响，为文化发展奠定了基础。一个国家和地区的经济越发展，其文化对其他国家和地区文化的影响越大。从世界范围来看，西班牙和葡萄牙等国凭借其雄厚的经济实力和殖民统治，将其文化输出到被殖民地国家，对当地文化影响巨大。18世纪英国开始第一次工业革命，成为欧洲强国后，其经济迅猛发展，发达的经济使得其国际影响力大增，其文化对其他国家文化的影响也增加。工业革命也对我国文化产生了影响，在西方发达国家的影响下，魏源、林则徐等开明的知识分子开始关注世界的变化，用发展的眼光看待中国与外国的关系，并且带动了向西方学习的潮流。这使得我国文化结束了长期以来的固步自封的状态，开始与西方文化进行交流、碰撞和学习。第二次世界大战以后，美国在经济上成为第一强国，凭借着经济上的巨大影响力，通过影视、文学、音乐等各种媒介，将美国崇尚自由、追求民主及个人主义的文化迅速传播到发展中国家并对发展中国家文化产生了重大影响。在中国，各地区经济发展的不平衡也影响了地区文化的发展。朱婷和吴建军（2015）就发现，收入水平较低的国家的文化产品进口来源比较单一，随着经济发展水平的提高，文化产品的多样性会增加。这表明经济发展水平对文化传播具有正向的影响。樊纲（2011）等指出中国各地区经济发展程度不同，各地区经济发展水平存在显著差异。东南沿海等省份，由于经济比较发达，其文化受到其他文化影响程度更深，而偏远地区受经济发展限制，其与外界交流相对较少，文化受外界影响也比较小。另外，从经济发展的角度来看，文化的传播具有方向性，一般是通过经济技术的流动，文化从经济发达的地区向经济欠发达的地区传播并对经济不发达地区的文化施加影响。

5.1.6　小结

此部分我们从地理环境、人口、宗教、语言和经济发展等五个方面阐述了文化形成和发展的影响因素并从我国的实际出发分析了这些因素对我国区域文化差异的作用。首先，我国多样化的地形和气候组合，天然地将我国各地区进行了分割，奠定了我国区域文化形成的物质基础，使得不同地区在地理环境的作用下形成多元化的区域文化。其次，我国人口的年龄、性别结构、民族构成以及人口迁移等因素共同作用于文化的形成和变迁，不同地区的人口情况进一步促进了区域文化的差异。再次，与世界上很多国家不同的是，我国是一个多种宗教信仰共存的国家，在这些宗教中，有植根于本土的宗教，也有来自于异域的宗教。不同的宗教信仰在人生观、世界观和价值观上具有不同的特点，对信众文化价值观的影响也极其重要和深远。由于地理位置、民族差异等原因，我国不同地区的宗教信仰存在差异，这些差异的客观存在加剧了区域文化的差异性。此外，我国语言存在多样性，语言是文化的载体，对文化的传播和传承具有重要作用。我国各地丰富的方言有利于当地文化的传承，有助于保存文化的多样性，为保存区域文化的差异性做出了重要贡献。最后，经济发展程度在很大程度上决定了文化的传播方向和文化的开放程度，通常经济发达地区的文化对经济不发达地区的文化有着重要影响，经济发达地区的文化较之经济不发达地区的文化更加开放。由于历史、地理、政治等原因，我国各地区经济发展程度存在显著的差异，经济上的差异性是区域文化多样化形成的又一个影响因素。综上，地理环境、人口、宗教、语言和经济等因素共同作用于文化，使得我国各地区文化存在显著的差异性，地区文化的差异性为本书研究奠定了基础。

5.2 理论分析

本部分将从文化对企业决策的影响和管理者个人特质对企业决策的影响两个方面对相关理论进行回顾。

5.2.1 文化对企业影响的理论分析

（1）社会学关于文化的理论

社会学理论认为文化是人类群体或社会的共享成果，这些共有产物不仅包括价值观、语言和知识，而且包括物质对象。社会学理论认为当一个社会的某一群体形成一种既包括主文化的特征，又包括一些其他群体所不具备的文化要素的生活方式时，这种群体的文化则形成一种亚文化。这种亚文化可能源于地缘差异，我国各地区相异的文化即属于源于地区的亚文化。各个地区不同的文化差异会影响地区内人们的思维和决策方式。

（2）非正式制度对企业的影响

制度经济学理论将企业面临的制度环境分为正式的制度环境和非正式的制度环境。其中正式的制度环境主要包括经济制度、政治制度、法律规范等；非正式的制度环境主要包括文化环境、制度理想等（张莉、曹蔚然，2003）。作为构成制度的两个方面，正式制度与非正式制度相互影响，共同作用于经济的方方面面。正式制度通过制定法律法规及各种规则，直接对经济活动进行约束和影响；非正式制度则通过道德观念和文化观念等影响经济活动的价值取向。一方面，一个社会的文化传统、价值信念等非正式制度是正式制度存在的前提和基础，直接影响正式制度的制定、执行及变迁。另一方面，正式制度又会反过来影响非正式制度的演变。二者只有在相互融合、相互契合的条件下才会更好地促进经济的发展。更有观点认为，非正式制度往往比正式制度更能决定经济增长和社会发展水平，如果不考虑非正式制度的安排，正式制度的存在没有任何意义（李雪灵等，2012）。由此可见，非正式制度的运行对经济活动有着重要影响。

本书的主要研究议题是文化对企业行为的影响，文化是非正式制度的一个重要方面，因此首先厘清非正式制度对经济的影响对本书后面的分析十分必要。

正式制度是人们有意识地设计的一系列政策、法律法规、规则等，具有明确的书面表达。正式制度的实施和作用的发挥需要依靠国家机关和权威机构等力量来执行。而非正式制度的形成往往是无意识的，没有明确的条文规定。同时非正式制度往往通过约束人们的道德规范来发挥作用，没有强制的实施力量。非正式制度包括社会规范、风俗、习俗等，它对人类行为产生着非正式的约束，是在人类社会发展的过程中逐渐形成的，并且具有较强的稳定性。一般情况下，非正式制度已经内化于人们的思想意识当中，对人们的行为产生潜移默化的影响。诺斯

（1981）指出，在人们进行行为选择时，正式制度只对人们的行为产生一小部分约束，而非正式制度对人们行为选择的约束占了更大一部分，对人们的行为产生十分深刻而深远的影响。同时，诺斯（1981）还指出非正式制度是一种群体选择的结果，它通过影响群体中个人的信念来对其行为产生约束。

Williamson（2000）指出在对社会经济进行分析时，可以通过四个层级进行，这四个层级分别是非正式制度环境、正式制度环境、公司治理和资源分配。四个层级的具体内容及相互影响如图5-1①所示。

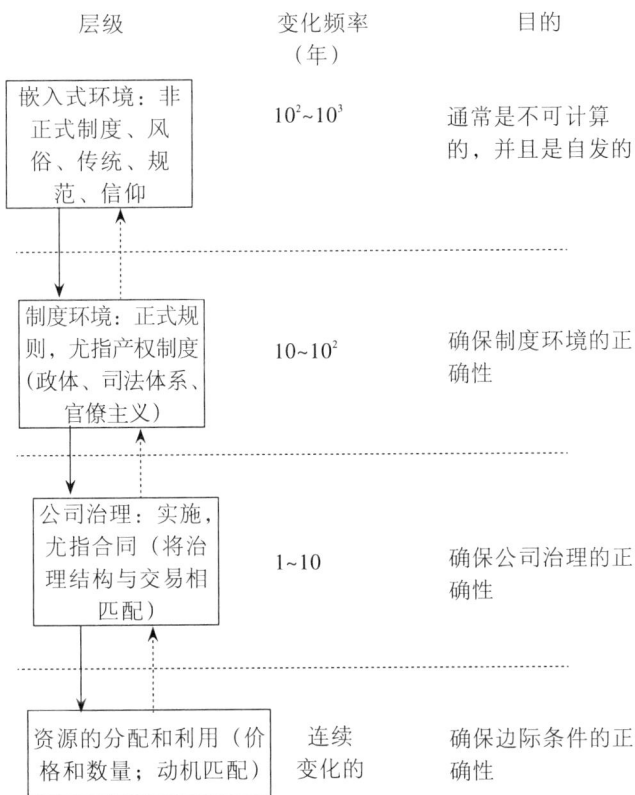

层级	变化频率（年）	目的
嵌入式环境：非正式制度、风俗、传统、规范、信仰	$10^2\sim10^3$	通常是不可计算的，并且是自发的
制度环境：正式规则，尤指产权制度（政体、司法体系、官僚主义）	$10\sim10^2$	确保制度环境的正确性
公司治理：实施，尤指合同（将治理结构与交易相匹配）	$1\sim10$	确保公司治理的正确性
资源的分配和利用（价格和数量；动机匹配）	连续变化的	确保边际条件的正确性

图5-1　制度经济学层级

资料来源　WILLIAMSON O E. The new institutional economics: Taking stock, looking forward [J]. Journal of Economic Literature, 2000, 38（3）: 597.

---

①　从上至下使用的理论分别是：第一层级为社会理论、第二层级为产权经济学/实证政治理论、第三层级为交易成本经济学、第四层级为新古典经济学/代理理论。

    Williamson指出在每两个层级之间，实线箭头表明上一层级对下一层级具有直接的约束作用，而反向的虚线箭头表明下一层级对上一层级的反馈。从图5-1中可以看出在利用制度经济学分析经济行为时，在四个层级中位于第一层级的是非正式制度，这表明非正式制度是整个制度经济学分析的基础和起点，非正式制度的建立为其他制度的建立和实施奠定了基础，其他制度受到非正式制度的约束并且反映了非正式制度的特点。整个社会均嵌入第一个层级，社会规范、习俗、风俗、传统等植根于第一层级。这些非正式制度通过对正式制度和公司治理等因素的影响对整个社会经济的运行施加影响。

    文化是非正式制度的核心内容，是非正式制度的重要组成部分。文化通过塑造社会规范、习俗等来影响人们的行为模式。文化影响着企业员工的价值观念和道德观念等，进而影响员工的决策偏好，对企业决策产生影响。同时，文化对正式制度的建立和实施进行约束进而影响着企业决策。

    （3）Hofstede的文化理论

    荷兰著名心理学家Hofstede（1981）指出文化主要从以下四个方面影响企业决策：

    首先，文化通过影响权力在组织间的分配来影响企业决策。社会体系之所以存在是由于人的行为具有可预测性，而企业能够存在的前提是企业行为是可控的。企业行为具有可控性正是由于权力分配的不均衡。所有的企业都是由主要的决策者和其他员工组成的，文化在很大程度上影响着企业主要决策者的规模、主要决策者组成的稳定性及其权力在主要决策者和其他员工之间的分配。通过对企业中不同员工间权力的分配，文化深刻地影响了企业经营的模式、决策的方式等，奠定了企业决策的基调，进而在总体上影响了企业行为。

    其次，文化通过影响企业主要决策者的价值观来影响企业行为。

    ①企业决策者制定企业的目标并区分企业利益相关者的重要程度。企业决策者的价值观决定了企业在社会责任承担和追求经济利益这两个企业目标之间的权衡和抉择。Hofstede（1981）认为在西方国家，"成功"就意味着能够满足更多的需求，而在信奉佛教的国家，成功并不意

味着更多需求的满足，因而在两种不同文化的国家，企业在目标设定上有很大的差别，由此，企业行为也不相同。

②文化通过影响主要决策者在企业决策过程（既包括决策备选方案，也包括最终执行方案）中的价值观来影响企业行为。这种价值观不仅体现在效用与无差别曲线上，也体现在会计准则上。例如，机器通常被认为是"投资"，而人却不被认为是投资。企业的决策过程决定了企业拥有的稀缺资源的分配。这说明企业决策者的价值观念通过影响企业资源的分配影响着企业行为。

③企业决策者的价值观通过塑造企业的组织形式和正式程序来影响企业行为。Negandhi 和 Prasad（1971）指出美国企业在印度的分公司的组织层级较印度本土公司往往更少。Granick（1975）也发现与英国企业相比，法国公司更愿意使用内部转移价格机制。这些学者的分析表明不同国家企业组织形式的不同受到不同国家文化价值观的影响。

④文化通过影响激励机制来影响企业决策行为。企业主要决策者往往决定着企业员工薪酬等激励措施，在这一过程中，企业决策者的文化价值观会得到充分体现。

再次，作为企业员工的绝大多数，企业决策者外的普通员工对企业行为有着间接而复杂的影响，文化可以通过影响这部分员工来影响企业。具体表现在以下几个方面：

①文化影响普通员工的行为动机，进而影响企业行为。如果企业文化是一种高压的、强制性的文化，那么企业员工在工作时就特别注意保证行为符合企业行为规范，以免受到惩罚，这会导致企业员工关系的疏离，不利于提高企业效率。如果企业文化是激励型的文化，那么员工从工作中获得的激励与自己的努力联系在一起，当努力有利可图时员工更有动机遵守企业规范，努力工作，这会提高企业的效率。如果企业文化以一种类似于宗教教义的方式呈现，那么员工的行为会更加道德。

②文化影响企业规章的制定。如果企业文化是激进型的，员工之间的冲突较强，那么企业就会制定更多的制度来防止冲突的发生和在冲突发生后解决冲突。如果企业文化是平和型的，员工之间合作更容易，那么企业就无需制定繁杂的规章制度来防止冲突。

③文化直接影响着企业对员工进行管理的难易程度。由于受不同文化的影响，不同国家的员工对组织的服从程度不同，这直接决定了企业在员工管理方面的难易程度。例如，在东亚国家，受儒家思想的深刻影响，员工的集体主义导向更强烈，个人主义倾向更低，因此个人更容易服从集体，这使得企业在进行员工管理时更轻松容易。相反，如果一个国家的文化特别强调个人主义，那么员工会更加追求个性的解放，对集体的服从程度较低，那么企业在进行员工管理时就需要花费更多的精力。

④文化影响企业员工间沟通的有效性。共享相同的文化使得员工拥有相似的价值观，这使得无论是同级别的员工还是不同级别的员工在进行交流时更加省时和高效。而如果企业员工受不同文化的影响，文化间的差异和冲突可能降低员工之间沟通的效率，进而降低企业的效率。企业员工的文化越多元，员工进行沟通的效率可能越低，跨国公司中文化冲突对员工沟通的影响正是一个很好的例子。

⑤文化影响着企业普通员工对自身权益的重视程度。员工对自身权益的重视程度决定了企业面临来自工会等组织的压力的程度。如果一个国家的文化更强调个人主义，对个人权益的保护程度更高，员工更可能通过工会等组织来保护自身权益。

最后，文化通过影响企业外部人员的价值观等来对企业施加影响。企业的竞争对手、合作伙伴、政府或者媒体的文化价值观也会对企业产生影响。企业不是孤立存在的，需要与各种外部组织交流与合作，这些利益相关者的价值观在很大程度上决定了企业需要有所为有所不为。Hong 和 Hacperczyk（2009）通过实证研究证实了这一观点，研究发现社会道德准则对企业产生了重要影响。在社会道德规范中一般认为酗酒、吸烟或者赌博是一种不好的行为，因此受道德规范限制严重的机构例如养老保险等基金投资于这类行业的可能性更低，同时对这些行业的公司业绩进行跟踪的分析师数量也更少。这一研究实证证实了文化能够影响企业外部人的道德标准和价值观，进而对企业产生影响。

（4）Schwartz 的文化理论

不同于 Hofstede（1981）将文化定义为 "Programming of the Mind"，

Schwartz（2008）认为文化从外部对人产生影响，是人们在生活中面临的外部环境的一个方面。参考 Berger 和 Luckman（1966）的概念，Schwartz 认为在特定的社会体系中，文化影响着个人的态度、信念、行为及思想。而文化最核心的问题就是价值观，这些价值观定义了什么是好的，什么是令人满意的，什么是文化理想等。人们在社会活动中的信念、实践、符号、道德和个人价值观念等均体现在价值观中。价值观就是社会文化的体现，通过这些显性的价值观文化才得以衡量。

Schwartz 还指出了文化对人产生影响的方式。从心理学角度来看，文化影响着人们在日常生活中的关注点；文化影响语言的表达方式，例如，代词的使用代表了一种以自我为中心的文化；文化还影响着社会的行为规范。从社会学角度来看，文化对人的影响体现在社会组织对人们行为的预期与约束。综上，Schwartz 认为人是文化的载体，文化塑造着一个社会或组织中人们共享的信念、价值观、行为方式和思考方式，并通过这些信念、价值观、行为方式和思考方式体现出来。

Schwartz 认为一个组织要生存必须处理三个问题：①定义人与人或团体与团体的边界及人与人或团体与团体之间的最优关系；②确保人们之间进行合作以进行商品生产和提供服务；③如何利用自然及人力资源。对这三个问题的回答体现了文化的价值观，因此，组织的运行方式体现着社会的文化价值观。

为了更好地对文化进行衡量，Schwartz 从三个方面对文化进行了区分。首先，通过对组织中人们被对待的方式，即组织中的个人是被当做独立的个体还是被当做嵌入组织的一个部分进行区分，将文化分为自主型文化（Autonomy）和嵌入型文化（Embeddedness）。自主型文化将人视作独立自主的个体，鼓励人们表达自己的喜好、感觉、想法，展示自己的能力并追求自身的独特价值。自主既包括智力自主（Intellectual Autonomy），也包括情感自主（Affective Autonomy）。嵌入型文化将个人视作依托组织而存在的组织的一部分，人的价值通过和组织的关系、对组织活动的参与和共享组织的目标而实现。其次，通过如何影响人们之间的关系以使得组织成员相互合作、提高生产效率进行区分，将文化分为平等型文化（Egalitarianism）和层级型文化（Hierarchy）。平等型文化促使人们将组织中的其他成员看成平等的个体，组织成员共享组织利益。平等型组织文化使组织成员更愿意与他人进行合作，更关心组织整体福利并自愿造福于他人。与平等型文化不同，层级型文化认为组织成员是不平等的，层级型文化依赖等级体系的设立赋予不同等级人员不同的角色以保证组织有效率地运行。层级型组织文化认为成员之间的权力、角色和资源的不平等分配是合理而且必要的，并且组织成员也认为角色的等级分配差异是理所应当的。最后，通过对个体及组织控制和改变社会和自然环境的程度进行区分，可以将文化分为和谐型文化（Harmony）和控制型文化（Mastery）。和谐型文化强调人类应该适应社会及自然环境，应该接受并保留事物原本的存在形式。和谐型文化不鼓励变革，倡导和谐的关系并防止冲突的发生。与和谐型文化不同，控制型文化鼓励人们改变自然和社会环境，进而实现组织或个人目标。控制型文化重视能够引发进步的行为和解决问题的方式。

在对组织文化类型进行区分的基础上，Schwartz进一步指出，每种维度中文化的两个方面并不是完全对立、非此即彼的，而是相互兼容、彼此共存的。例如，如果一个组织的文化是平等型文化并不表示企业完全否认层级型文化，只是在两个方面中，平等型文化占的比重更大，对企业影响更全面，而层级型文化占的比重较轻，对企业的影响整体上较小。

从上述分析可以看出，Schwartz认为文化发挥作用的主要方式是影响人的态度、信念、价值观和行为等。人是文化的载体，因此，文化对企业决策的影响也主要通过影响企业员工的价值观来实现。如果企业员工普遍遵循的价值观是自主型的，那么个人可能对组织决策产生重要影响，个人主观能动性能得到更大程度的发挥；如果企业员工普遍遵循的价值观是嵌入型的，个人对组织决策的影响则会很微弱。如果企业文化更重视平等，则企业更加民主，企业成员进行沟通和讨论更多，决策可能更有效；而如果企业文化的整体氛围是重视层级的，那么企业间成员进行沟通的方式更可能通过上级向下级传达命令，成员之间有效的沟通将会减少，企业决策也可能是由少数人进行的。如果企业文化更重视和谐，那么企业进行变革的可能性更小，企业可能更重视对环境的保护，企业的风险接受程度可能更低，企业决策更稳定少变；而如果企业更偏向控制型文化，则企业更愿意进行变革，企业的风险容忍度更高，企业决策可能更激进。

（5）社会规范理论

社会规范（Social Norms）是一种非正式制度，它反映了社会成员的共同信念。Mc Adams 和 Rasmusen（2007）将社会规范与社会习俗（Convention）进行了区分。他们指出社会习俗是人们行为的规则，与是非观念（Normative Attitudes）无关，因此一个地区实行右侧通行或者一个国家用什么材质的纸张来印刷货币均属于社会习俗范畴。而社会规范是人们行为的规则，同时也伴随着是非观念，社会规范至少在一定程度上要受到是非观念的支持。Mc Adams 和 Rasmusen（2007）同时指出社会规范作为一种非正式制度在一定程度上可以替代法律。

在经济学中著名的理性选择框架下，在面临多个备选方案时，理性人将基于自己的偏好，在权衡成本和收益后，选择最佳方案。在这一框架下，隐含的条件是人都是自利的，每个人的目标都是自身利益的最大化并且这一目标不受他人利益或者道德因素的影响。但现实情况是个人选择往往偏离了自身的偏好，对于其原因，信息理论指出可能是由于信息的不完备和不对称，也有学者指出这是由于人的"有限理性"（Bounded Rationality）。Green（2006）从放松条件的理性选择模型角度，分析了社会规范对人们选择的影响。人们在基于自身偏好进行选择时，要对收益和成本进行比较，从社会规范的角度来看，这些收益和成本包括来自社会的奖励和惩罚，这些奖励和惩罚可能包括由于遵守或违反了社会规范而得到或失去来自社会的尊敬、得到或失去的交易机会。这些来自社会规范的成本和收益将对人们行为选择产生直接影响。另外，社会规范能够对人的行为产生影响是由于人们都愿意使自己行为与社会中其他人的行为保持一致（Kohlberg，1984），据此来避免因为违反社会广为接受或者认为正确的规则、价值观或者信念而增加成本或导致受到处罚（Sunstein，1996）。社会规范的传播和强化在一定程度上是通过使用社会证据启发教育法（Social Proof Heuristic）来实现的（Cialdini，1993）。社会证据启发教育法预测当人们认为某种特定的行为会受到来自社会的强烈支持时，他们就会学习其他人的行为方式。

综上，社会规范理论认为社会规范规定了一系列社会行为标准，这些标准为社会成员共同认可。为了符合社会规范，得到社会的支持或者避免由于违反社会规范而受到处罚，社会成员愿意根据他人的期望行事。由此，社会规范对人们的决策和行为产生重要的影响。文化是社会规范形成的基础，对社会规范的形成具有重要作用，因此，文化特质会影响一个国家或地区社会规范的形成，不同的文化可能形成不同的社会规范。可见，作为社会规范形成的基础，文化深刻而广泛地影响着社会规范的形成和变迁，也通过社会规范来影响一个社会中人们的行为。

根据社会规范理论，社会规范同样可以影响企业的行为和决策。一方面，当企业预期其某种行为会因违反社会规范而不被接受甚至受到惩罚时，企业会在进行决策时将社会规范这一因素考虑在内。而如果企业预期其行为会因为符合社会规范而受到鼓励时，企业可能更愿意按照社会规范的期望行事。另一方面，如果其他同行都以某种方式行事，为了保持和他人的一致性，企业更愿意模仿同行的行为。文化是社会规范形成的基础，对社会规范的形成具有重要作用，因此文化在塑造社会规范的同时也对企业行为产生了重要影响。

5.2.2 管理者个人特质对企业影响的理论分析

（1）新古典经济理论

新古典经济理论的前提是"理性人"假设，在此假设下，市场主体是完全理性的，并且他们能够拥有完全信息，可以合理利用自己所搜集到的信息去估计不同结果的各种可能性，然后最大化其期望效用。由于具备完全的信息和理性，具备完全的精确计算和选择的能力，理性人能够找到实现目标的所有备选方案，预见这些方案的实施后果，并且根据某种价值标准在这些方案中做出最优选择。在此假设下，每个人都是完全理性的，因此人与人之间在进行经济决策时没有区别。据此，在新古典经济理论的分析框架下，完全理性的管理者是同质的并且是可以相互替代的。因此，管理者个人特质并不会对公司生产经营及投融资决策产生影响（Weintraub，2002）。

（2）"修正"的新古典经济理论

随着科学研究的深入，新古典经济理论的研究范式受到质疑，其"理性人"假说也受到挑战。首先，Knight（1921）指出，不确定性与风险是两个不同的概念，不确定性是不可概率化的客观存在，人们无法通过理论和实践对其进行测量。由于不确定性的存在，人们无法利用自己所搜集到的信息去估计不同结果的各种可能性，也就没有办法找到实现目标的所有备选方案，"理性人"假说具有不合理之处。进一步，科斯（1937）在其著名的文章"企业的本质"中指出市场是有摩擦的，在有摩擦的市场中，交易是存在成本的。Williamson（1985）进一步发展了交易成本理论。交易成本的存在意味着交易者不能总是拥有完备的交易信息，为了获取准确的市场信息，人们需要承担一定的费用，因此，完全理性的交易者是不存在的。在对"理性人"假设批判的基础上，经济学家们提出了有限理性的概念，认为交易主体追求完全理性，但在实际中，他们只能做到有限理性。

上述理论对新古典经济理论进行了修正，认为古典经济理论的"理性人"假设存在缺陷。由于不确定性和交易成本的存在，交易主体无法获得交易所需要的所有信息，也就不能估计各种结果的所有可能性并依据一定标准做出最优选择。在这种分析框架下，不同的管理者在进行交易时其信息收集和处理能力是不同的，因此不同的管理者是存在差异的，企业管理者的异质性能够对企业决策产生影响。

（3）委托代理理论

委托代理理论是契约理论发展的重要成果。委托代理理论是基于现代企业制度而提出的，在现代企业中，企业的所有权和控制权是分离的，企业的所有者拥有企业的所有权，但是企业的控制权掌握在经理人手中。企业所有者追求的目标是企业利益的最大化，而经理人追求的目标是自身利益的最大化。企业利益和经理人利益不总是一致的，这就产生了二者利益的冲突。同时，由于经理人是企业的实际控制者，其对企业经营等实际情况更加了解，进而拥有的内部信息要多于企业所有者，这就导致了另一个问题的产生——信息不对称。由于利益冲突和信息不对称的存在，委托代理问题也就产生了，代理人可能利用自身信息优势，选择符合自身利益的行为进而损害公司的利益。委托代理理论指出由于代理问题的存在，企业需要设计一系列的制度和契约来规范和约束经理人的行为，使其做出最大化公司利益的决策。

在委托代理理论的分析框架下，不同经理人的利益诉求、个人偏好是不同的，因此经理人是不同质的，在相同条件下，不同的经理人可能做出不同的决策。因此，管理者的异质性将对公司决策产生影响。但是，委托代理理论认为，虽然管理者的异质性导致其利益偏好的不同，但是企业可以通过设计一系列的契约促使企业经理人与所有者利益一致，完美的契约可以减轻甚至消除委托代理问题，因此，委托代理理论虽然承认管理者的异质性会对企业决策产生影响，但监督及合同激励可以促使不同质的管理者做出同样的决策（Christensen 和 Feltham，2003），因此委托代理理论认为管理者个人特质对公司决策产生极其有限的影响。

（4）高阶理论

行为经济学理论作为一种实用经济学，将经济理论、经济运行规律和心理学、行为学等学科联系起来，探讨了管理者行为对企业决策的影响。Cyert、March（1963）和 March、Simon（1958）指出复杂决策往往是行为影响因子的产物而非机械地追求经济最优的结果。由于受有限理性、目标多元化、目标冲突，选择的多样性及追求的不同层次等因素影响，复杂的决策往往很难基于技术经济学理论做出。此时，利用行为经济学对决策进行分析往往是更合适的，并且决策越复杂，行为理论的分析范式越合适。因此在分析战略决策时，行为理论尤其适用，这是因为战略决策更加复杂并且对企业的影响十分重大。

Hambrick 和 Manson（1984）利用"高阶理论"分析了企业管理者的特质对企业决策的影响。Hambrick 和 Manson 将研究的决策定为与企业战略有关的决策，因为这些决策越复杂，对企业影响越大。战略相关决策是与企业存货决策和信用政策等经营决策相对应的。每一个决策者都将其自身固有特质带入到决策情景中，决策者的这些固有特质反映了决策者的认知基础，如关于未来事件的知识和假设、关于备选决策的知识、关于备选决策可能导致的结果的认知等（March 和 Simon，1958）。

同时，决策者的固有特质还反映了决策者的价值观，如对结果的排序准则和根据偏好设定的备选方案等。如果决策包含很多行为因素，那么决策在一定程度上会反映决策者的异质性。当决策者受到来自组织内部和外部的持续的潜在刺激时，决策者自身的固有特质对刺激会产生影响。决策者自身的固有特质会过滤甚至扭曲决策者对客观情况的认识和对解决方案的理解。在进行战略决策时，决策者不能完全地理解所面临的复杂情境和现象，因此，决策者会将其认知基础和价值观考虑进来进而进行决策，但是这些认知基础和价值观会致使决策者对情况的理解与实际情况存在差异。决策者的感知过程是一个连续的过程。首先，经理或者管理者团队不能够洞悉公司及其环境的每一个方面，经理关注的视野是有限的，因此会在很大程度上限制其最终的认知。其次，由于决策者只能理解其关注领域的一部分，因而其对现实的认知进一步受到限制。最后，在进行决策信息的处理时，决策者的认知基础和价值观将对其理解产生影响。此外，决策者对现实情况的理解和其价值观共同决定了战略选择的基础。一方面，价值观通过影响决策者认知来决策结果；另一方面，价值观能够直接影响决策结果。"高阶理论"认为，管理者的异质性对企业决策是重要的，能够影响企业决策的过程和结果。

5.2.3　小结

本部分回顾了文化对企业决策影响和管理者特质对企业决策影响的相关理论。在文化对企业行为影响方面，首先将文化作为一种非正式制度，从理论上分析了非正式制度对企业行为的影响，指出非正式制度是进行社会分析的基础，影响着正式制度的制定和实施，非正式制度通过影响人们的社会规范、风俗、习俗等来对人产生约束，进而对人们的行为产生深刻的影响。Hofstede（1981）指出文化影响企业行为的四个途径分别是：首先，文化通过影响权力在组织间的分配来影响企业决策；其次，文化通过影响企业主要决策者的价值观来影响企业行为；再次，作为企业员工的绝大多数，企业决策者外的普通员工对企业行为有着间接而复杂的影响，文化可以通过影响这部分员工来影响企业；最后，文化通过影响企业外部人员的价值观等来对企业施加影响。Schwartz认为文化发挥作用的主要方式是影响人的态度、信念、价值观等。人是文化的载体，因此，文化对企业决策的影响主要是通过影响企业员工的价值观来实现的。社会规范理论认为，当企业预期其某种行为会因违反社会规范而不被接受甚至受到惩罚时，企业会在进行决策时将社会规范这一因素考虑在内。而如果企业预期其行为会因为符合社会规范而受到鼓励时，企业可能更愿意按照社会规范的要求行事。另一方面，如果其他同行都以某种方式行事，为了保持和他人的一致性，企业更愿意模仿同行的行为。文化奠定了社会规范的基础，因此文化通过影响社会规范来影响企业行为。

在管理者个人特质对企业决策影响方面，本书从新古典经济理论出发，到"修正"的新古典经济理论，再到委托代理理论，最后到"高阶理论"，从理论上分析了管理者个人特质对企业决策的影响。新古典经济理论的前提是"理性人"假设，在此假设下，市场主体是完全理性的，他们能够拥有完全信息，能够合理利用自己所搜集到的信息去估计不同结果的各种可能性，然后最大化其期望效用。据此，在新古典经济理论的分析框架下，完全理性的管理者是同质的并且是可以相互替代的。因此，管理者个人特质并不会对公司生产经营及投融资决策产生影响（Weintraub，2002）。"修正"的新古典经济理论对新古典经济理论的假设进行了放松，认为"理性人"假设存在缺陷，由于不确定性和交易成本的存在，交易主体无法获得交易所需要的所有信息，也就不能估计各种结果的所有可能性并依据一定标准做出最优选择。因此，不同的管理者在进行交易时信息收集和处理信息的能力是不同的，管理者是异质的。异质的管理者能够对企业决策产生不同的影响。在委托代理理论的分析框架下，经理人的利益诉求、个人偏好是不同的，因此经理人是不同质的，在相同条件下，异质的经理人可能做出不同决策。据此，管理者的异质性将对公司决策产生影响。但是，委托代理理论认为，虽然管理者的异质性导致其利益偏好不同，但是企业可以通过设计一系列的契约促使企业经理人与所有者利益一致，完美的契约可以减轻甚至消除委托代理问题，因此，委托代理理论虽然承认管理者的异质性会对企业决策产生影响，但监督及合同激励可以促使不同质的管理者做出同样的

决策（Christensen 和 Feltham，2003），因此，委托代理理论认为管理者
个人特质对公司决策产生极其有限的影响。"高阶理论"认为，当决策
者受到来自组织内部和外部的持续的潜在刺激时，决策者自身的固有特
质对刺激会产生影响。决策者自身的固有特质会过滤甚至扭曲决策者对
客观情况的认知和对解决方案的理解。进一步在进行战略决策时，决策
者不能完全地理解所面临的复杂情境和现象，因此，决策者会将其认知
基础和价值观考虑进来进而进行决策，但是这些认知基础和价值观会致
使决策者对情况的理解与实际情况存在差异。由此，管理者的固有特质
会影响企业决策。通过对这些理论的梳理可以发现，随着研究的深入，
现有理论发现管理者个人特质会对企业决策产生重要的影响。

6 区域文化、管理者特质与企业商业信用

6.1 问题的提出

商业信用是企业在正常的经营活动和商品交易中由于延期收款或付款而提供给客户或占用客户的资金,是企业间常见的一种信贷关系。商业信用是银行信贷的一种重要替代方式(Meltzer, 1960; Nilsen, 2002)。我国金融体系起步较晚,虽然经历了金融发展及改革,但是整体上我国金融发展水平仍然比较落后。政府干预是中国经济发展过程中一个不可忽视的外部关键制度因素(辛清泉等,2007),政府强干预是中国经济面临的一个基本特征事实(陈冬华等,2010)。政府对金融活动和金融体系的过多干预导致了我国金融发展中的金融抑制现象。同时,中国企业面临着严重的信贷配给问题(Allen等,2005),信贷配给现象的存在使得很多企业尤其是民营企业无法从金融机构获得信贷资金,从而限制了企业的发展。由于金融抑制和信贷配给的客观存在,受到融资约束的企业转而寻求商业信用等非正式融资方式。

现有大量研究表明，商业信用是银行信贷的重要替代形式。石晓军和李杰（2009）发现在中国，商业信用与银行信贷之间存在显著的替代关系。饶品贵和姜国华（2013）指出，在货币紧缩时期，非国有企业会以商业信用作为银行信贷的替代方式。于彦超（2014）的研究证实了商业信用在信贷资源二次分配中的重要作用，发现在金融抑制程度越高的地区，容易从银行获得贷款的企业更愿意通过商业信用将银行信贷转移给其客户，这一研究间接证实了商业信用与银行信贷之间的替代关系。上述研究指出，我国商业信用大量存在是由于企业受到银行信贷融资的约束，还有一些研究，从其他观点探讨了商业信用广泛存在的原因。余明桂和潘红波（2010）提出商业信用的竞争假说，认为企业通过向客户提供商业信用来锁定客户，进而避免由于同业竞争导致的客户资源流失，研究结果证实了商业信用的竞争假说。陆正飞和杨德明（2011）研究了商业信用存在的原因，研究指出商业信用在中国的广泛使用主要与客户议价能力、客户信用状况等因素有关，企业提供商业信用是为了更快更多地销售产品，这一理论也被称为买方市场理论，该研究的结果表明在中国，在货币政策宽松时期，商业信用的大量存在符合买方市场理论。

在明晰商业信用存在原因的基础上，很多研究探讨了企业商业信用使用情况的影响因素。张新民、王珏和祝继高（2012）探讨了市场地位对企业商业信用使用情况的影响，结果表明市场地位越高的企业越容易获得商业信用。王永进和盛丹（2013）研究了地理集聚对企业商业信用的影响，结果发现地理集聚显著增加了企业间商业信用的使用。胡泽、夏新平和余明桂（2013）指出企业资产的流动性和地区金融发展水平会影响企业商业信用的供给水平。张勇（2013）以审计意见作为信任的替代变量，基于信任的视角探讨了审计意见对于商业信用融资的作用，结果发现企业被出具非标准审计意见后，下年度获得的商业信用水平显著下降。Fabbri 和 Klapper（2016）以中国公司为样本，研究了供应商议价能力对其商业信用供给的影响，结果发现，供应商的议价能力越弱，其提供商业信用的可能性越大，产品销售中赊销的比重越高，并且其提供的付款期限也越长。

与银行信贷不同，作为企业融资的一种方式，商业信用的提供和获得往往不是依据严格的风险分析和对偿债能力的评估，更多地是依靠交易双方的相互了解和信任等非正式约束。商业信用的这一特点使得非正式制度在其达成的过程中发挥着重要作用。已有研究从企业内部特征和外部环境两个方面探讨了商业信用的决定因素，却忽视了一个重要因素——文化——对商业信用的影响。一个地区的文化在总体上影响了人们的价值观念、习俗、行为规范等，这些价值观念和习俗等会影响人们之间的信任程度、对风险的接受程度等，这些都将影响人们对商业信用的接受程度。因此，本章从区域文化的角度出发，探讨我国地区间文化的差异是否会对不同地区企业商业信用的使用产生影响。

6.2 理论分析与研究假设

文化是一个种族、宗教或社会群体共享的惯性的信念及价值观，这些信念和价值观可以不变地从一代人传到下一代人身上（Guiso 等，2006）。文化反映了一个社会中人们普遍接受的是非观念和社会规范并以此来指导人们的行为。文化在人们行为决策的过程中扮演着重要角色（Glaeser，1996），文化差异显著影响了企业行为的差异性（Parsons 等，2016）。与银行信贷不同，商业信用作为一种非正式的融资手段，其提供和获得往往不是依据严格的风险分析和对偿债能力的评估，更多地是依靠交易双方的了解和信任等非正式约束。商业信用缔结的这一特点使得企业对外提供商业信用存在较高风险，如果获得商业信用的一方在约定的时间内不能对约定的交易金额进行偿还，则商业信用的提供方将承受预期收益与实际收益之间的差额损失。与正式的银行借款合约不同的是，商业信用的达成往往没有明确的合同约束和违约机制，在我国当前转轨加新兴的市场经济中，法律制度规定及执行都不完善，对商业信用的保障力度有限，这进一步加剧了企业提供商业信用的风险。综上，企业对商业信用违约风险的承受能力将直接影响企业使用商业信用的频率和力度。风险容忍度是一种文化特质（Frijns，2013），一个地区的文化可以从整体上影响企业风险承担的能力，本章将从不确定性规避和恃强性两个角度来衡量区域文化对企业风险承担能力的影响。

不确定性规避是人们对于不确定或未知的情景感知到的威胁程度（Hofstede 等，1991）。GLOBE 将不确定性定义为一个社会、组织或团体依赖（或应该依赖）社会规则、准则和程序以降低未来事件的不确定性的程度。人们规避不确定性的意愿越强，就越愿意寻求通过秩序、统一性、组织结构、正式的程序以及法律来解决日常生活中的情况。不确定性规避是风险承受能力的一个体现，如果一个地区文化对不确定性规避的程度高，那么企业对不可预测的情境的接受能力低（Griffin 等，2015），企业的风险承受能力更低。因此，如果一个区域的文化对不确定性的规避程度高，则企业在进行商业信用决策时更倾向于接受那些结果可预测的方案，而摒弃那些结果充满不可预测和未知因素的方案。商业信用的缔结多基于交易双方在以往交易中形成的相互了解或者基于社会声誉等非正式约束，其缔结和实施的不确定性较大。另外，商业信用是企业在日常经营和商品交易中形成的经常性的活动，其使用是企业资金链的一个重要环节，如果企业不能按时收到商业信用款项，企业的资金链很可能受到影响甚至断裂进而影响企业整体的经营和投融资活动。综上，商业信用的使用会增加企业的不确定性和风险。如果一个地区的文化对不确定性的规避程度高，企业可能会减少商业信用的使用，反之，如果一个地区的文化对不确定性的规避程度低，企业对商业信用的使用可能会增加。据此，我们提出假设 6.1：

假设 6.1 地区文化的不确定性规避程度越高，企业提供商业信用的数量越少

恃强性描述的是"在多大程度上个体在社会交往中表现出恃强、直面冲突和进取性的特点"。与不确定性规避程度相反，恃强性作为一种文化维度，衡量了社会中的个人或群体在遇到冲突时所表现出来的积极面对问题和解决问题的态度，而非对不确定性或未知的逃避。因此，拥有恃强性特征的个人和群体对不确定性的规避程度更低，其对风险的承受能力更强。如果一个地区文化表现出更高的恃强性，则该地区企业对

风险的接受程度比较高，企业的风险承担能力比较强。由此，企业在进行商业信用决策时更愿意去冒险和探索，更可能选择风险高的项目。商业信用的使用在一定程度上增加了企业的经营风险，当地区文化悖强程度更高时，企业对商业信用风险的容忍程度更高，也就可能使用更多的商业信用，相反，如果一个地区的文化悖强程度比较低，企业对商业信用风险的接受程度更低，因此可能使用较少的商业信用。据此，我们提出研究假设6.2：

假设6.2 地区文化的悖强性越高，企业提供商业信用的数量越多

管理者的经历、价值观、认知风格会影响他们的决策进而影响企业行为（Hambrick 和 Mason，1984）。管理者特质显著地影响着企业投资、融资等行为（Bertrand 和 Schoar，2003）。人是文化的载体，文化通过人的思维和行为得到体现，管理者的决策风格在很大程度上体现了其身上承载的文化。公司CEO是公司日常事务的主要负责人，对公司决策具有直接重要的影响。CEO的行为受到其成长过程中接受到的文化的影响，体现着区域文化的特征。投资者对公司CEO文化起源具有偏好性，当CEO文化与地区文化一致时，投资者的投资意愿更强（Grinblatt等，2001）。当CEO身上承载的文化与公司所在区域的文化一致时，两种相同的文化使得CEO决策偏好与地区文化偏好一致，一致的文化偏好降低了企业决策过程中的文化冲突，使得区域文化对企业决策产生显著影响。而当CEO身上承载的文化与公司所在区域文化不一致时，CEO的文化偏好可能与区域文化偏好产生冲突，进而削弱了区域文化对企业决策的影响。因为CEO对企业经营决策施加重要影响，此时，CEO的文化特质对企业决策影响更大，导致区域文化对企业决策的影响不再显著。据此，我们提出假设6.3：

假设6.3a 当CEO个人文化特质与区域文化相同时，不确定性规避程度对企业商业信用使用情况的影响效应更强

假设6.3b 当CEO个人文化特质与区域文化相同时，文化的悖强性维度对企业商业信用使用情况的影响效应更强

6.3　研究设计

6.3.1　样本选择与数据来源

（1）样本选择

本章的研究对象为 2010—2014 年我国沪深两市 A 股上市公司。本书按照以下标准对样本进行筛选：①由于金融行业的特殊性，剔除金融行业样本；②剔除主要研究变量观测值缺失的样本。为了消除极端值对本书结果的影响，我们对所有连续型变量在 1% 和 99% 水平上进行 Winsorize 处理。为了检验企业高管的文化特质对区域文化与企业商业信用之间关系的影响，我们需要获得上市公司 CEO 的文化背景数据，具体方法为搜集上市公司 CEO 的祖籍，用其祖籍地文化衡量 CEO 身上承载的文化特质。但是由于上市公司 CEO 的祖籍地信息并非强制披露的信息，因此大多数上市公司没有对此进行披露。披露此类信息的上市公司比例较低，使得我们的最终样本量变小，最终，得到了 2 881 个公司–年度观测值。

（2）数据来源

文化是一个广泛的概念，为了衡量文化对企业行为的影响，首先对其进行量化衡量是十分必要的。目前，对文化进行衡量的方法主要有三种，分别是 Hofstede 文化维度、Schwartz 文化价值观和 GLOBE 文化习俗。

Hofstede（1980）的文化维度用权力差距（Power Distance）、个人主义（Individualism）、不确定性规避（Uncertainty Avoidance）、男性化特征（Masculinity）四个指标来衡量国家的文化特质。具体方法是在 1967—1973 年间，向 IBM 公司在全球的子公司的员工发放问卷调查，问卷调查主要针对员工的态度来设计问题。在 7 年时间内，研究者共发放了 11.7 万份问卷，被调查对象来自 40 个国家，同时问卷调查共使用了 20 种语言。Hofstede 根据问卷调查的结果将文化分为上述四个维度，并且对每个国家的四个文化维度进行了打分。在 Hofstede（1980）研究的基础上，Hofstede（1983）又扩大了发放调查问卷的范围，将另外10个国家和3个地区的数据纳入到研究范围内。Hofstede（1991）在对中国员工和经理人进行问卷调查的基础上，又加入了第五个文化维度——长期导向性。在Hofstede（1980）之后，也有其他学者在其基础上，发展了对文化维度的衡量，但总体上与Hofstede（1980）差异不大。

Schwartz（2008）的研究从三个方面对文化进行了衡量。首先，通过对组织中人们被对待的方式，即组织中的个人是被当做独立的个体还是被当做嵌入组织的一个部分进行区分，将文化分为自主型文化（Autonomy）和嵌入型文化（Embeddedness）。自主既包括智力自主（Intellectual Autonomy），也包括情感自主（Affective Autonomy）。其次，通过如何影响人们之间的关系以使得组织成员相互合作、提高生产效率进行区分，将文化分为平等型文化（Egalitarianism）和层级型文化（Hierarchy）。最后，通过对个体及组织控制和改变社会及自然环境的程度进行区分，将文化分为和谐型文化（Harmony）和控制型文化（Mastery）。

除Hofstede和Schwartz外，另一种得到广泛认可的文化框架就是GLOBE文化习俗。GLOBE研究项目开始于1993年，该项目一直致力于跨文化领导行为的调查和研究。通过对62个国家的17 000多个中层管理者的研究，GLOBE研究团队将国家文化分为9个维度，具体如下：绩效导向（Performance Orientation）衡量的是社会鼓励并奖励（应该鼓励或奖励）其成员提高业绩，追求卓越的程度；恃强性（Assertiveness）衡量的是个体在社会交往中表现出（应该表现出）恃强、直面冲突和进取性的程度；未来导向（Future Orientation）描述的是个人致力于（应该致力于）未来导向的行为——计划，对未来进行投资和着眼于长期回报的程度；人际关怀导向（Humane Orientation）衡量的是社会鼓励和奖励（应该鼓励和奖励）社会成员对他人公平、无私、慷慨、关系及友好的程度；集体主义（Institutional Collectivism）描述的是组织或社会机构鼓励和奖励（应该鼓励和奖励）资源的集体分配和集体行为的程度；小团体集体主义（in-group Collectivism）衡量的是个体对其所在的组织或家庭感到骄傲、忠诚和有凝聚力的程度；性别平等（Gender

Egalitarian）描述的是社会消除（应该消除）性别不平等的程度；权力差距（Power Distance）衡量的是社会接受并认可权威、权力和特权的程度；不确定性规避（Uncertainty Avoidance）衡量的是一个社会、组织或群体依赖（应该依赖）社会规范、准则、程序以减轻未来时间的不可预测性的程度。GLOBE 研究团队利用调查问卷，计算了不同国家 9 个文化维度的得分并以此衡量国家文化。

为了衡量我国各省、自治区、直辖市的区域文化，本书借鉴了赵向阳等（2015）的研究成果。赵向阳等（2015）以大学一年级新生作为调查对象，研究来自不同地区的大学生的文化差异，进而用大学一年级新生的文化价值观代表其所在地区的文化价值观。之所以将样本选定为大学一年级新生是因为大学新生来自祖国各地，具有多样性，同时刚入学的大学新生还没有受到其他更多文化的熏染，仍然带着强烈的自己家乡的文化价值观。在赵向阳等（2015）的研究中，样本新生有来自"985""211"高校的新生，也有来自地方性院校的大学生。作者采用了 GLOBE 研究的文化习俗问卷，要求参与调查的学生回答问卷问题。进一步，根据 GLOBE 研究的指导手册，将个人文化得分进行整合，得到我国各省、自治区和直辖市的文化得分数据。我们借鉴赵向阳等（2015）的区域文化衡量指标来研究区域文化对微观企业财务行为的影响是合理的，主要原因如下：首先，虽然赵向阳等（2015）的调查问卷面向的被调查者是大学一年级新生，但是由于区域文化是一个地区人们共享的价值、观念及其他象征意义的系统，因此一个地区的人们共享相同的文化特质，大学新生的文化特质对其家乡的文化是有代表性的。其次，本书研究的一个主要问题是公司高管个人的文化特质对区域文化和企业财务行为关系的调节作用，因此对公司高管个人文化特质的衡量是十分重要的。现阶段，我国上市公司的高管年龄相对较高，但是我们认为利用当代大学生的文化特质来衡量公司高管的文化特质是合理的。这主要是因为文化具有稳定性，可以不变地从一代人传到下一代人身上，在很长一段时间内文化的改变是很小的。

本书采用 GLOBE 的文化习俗数据作为区域文化的代理变量，原因有二：首先，GLOBE 研究是跨文化研究中的最新进展，基本上囊括了前人的主要研究成果；其次，GLOBE指标的文化价值观是与工作和管理相关的文化价值观，本书主要的研究问题是区域文化对企业财务行为的影响，因而采用与工作和管理相关的文化价值观更加契合我们的研究目标。我国各地区文化维度具体得分情况见表6-1。

表6-1 中国各地区文化特点

省、自治区、直辖市	GLOBE文化习俗								
	不确定性规避（UA）	未来导向（FO）	权力差距（PD）	社会导向的集体主义（IC）	人际关怀导向（HO）	绩效导向（PO）	小团体集体主义（GC）	性别平等（GE）	特强性（Asser）
安 徽	4.41	4.32	4.49	4.78	4.36	4.75	5.09	3.37	4.30
北 京	4.29	4.17	4.91	4.59	4.31	4.60	5.05	3.44	4.27
福 建	4.31	4.24	4.52	4.77	4.37	4.64	5.24	3.46	4.25
甘 肃	4.27	4.20	4.63	4.61	4.27	4.60	5.15	3.51	4.02
广 东	4.37	4.37	4.42	4.72	4.51	4.66	5.05	3.61	4.15
广 西	4.30	4.35	4.45	4.75	4.25	4.67	4.99	3.66	4.17
贵 州	4.15	4.23	4.46	4.72	4.40	4.86	5.05	3.60	4.41
海 南	4.15	4.21	4.52	4.66	4.21	4.69	5.16	3.68	4.12
河 北	4.22	4.22	4.64	4.61	4.25	4.67	5.07	3.46	4.08
河 南	4.38	4.23	4.70	4.73	4.41	4.70	5.16	3.40	4.12
黑龙江	4.38	4.22	4.52	4.59	4.38	4.65	5.00	3.49	4.01
湖 北	4.46	4.21	4.51	4.71	4.47	4.88	5.01	3.37	4.16
湖 南	4.31	4.39	4.66	4.72	4.34	4.91	5.13	3.40	4.12
吉 林	4.43	4.26	4.60	4.73	4.56	4.78	5.21	3.45	4.35
江 苏	4.56	4.17	4.56	4.83	4.23	4.60	5.23	3.67	4.22
江 西	4.36	4.34	4.74	4.78	4.35	4.89	5.14	3.46	3.90
辽 宁	4.17	4.17	4.57	4.61	4.35	4.53	5.01	3.45	4.05
内蒙古	4.32	4.09	4.90	4.90	4.37	4.64	5.36	3.34	4.21
宁 夏	4.54	4.37	4.34	4.82	4.39	4.87	5.17	3.63	4.30
青 海	4.17	4.12	4.72	4.41	4.12	4.49	5.27	3.69	4.03
山 东	4.43	4.25	4.68	4.73	4.35	4.61	5.11	3.48	4.10
山 西	4.30	4.25	4.57	4.70	4.24	4.76	5.16	3.47	4.20
陕 西	4.30	4.07	4.73	4.58	4.27	4.51	5.05	3.55	4.07
上 海	4.43	4.25	4.54	4.48	4.26	4.51	4.83	3.72	4.20
四 川	4.20	4.04	4.81	4.70	4.27	4.42	5.10	3.46	3.96
天 津	4.36	4.22	4.64	4.82	4.37	4.77	5.25	3.47	4.21
西 藏	4.42	4.01	4.35	4.50	4.26	4.65	4.64	3.53	4.34
新 疆	4.41	4.23	4.34	4.87	4.36	4.77	5.06	3.53	4.19
云 南	4.26	4.11	4.54	4.59	4.26	4.73	5.22	3.57	4.12
浙 江	4.42	4.23	4.89	4.65	4.31	4.69	5.26	3.51	4.00
重 庆	4.27	4.20	4.65	4.74	4.33	4.78	5.15	3.73	4.24

本书财务数据来自国泰安CSMAR数据库，公司CEO资料在CSMAR数据库中的人物特征综合资料的基础上，对不明确的数据进行了手工搜集和整理。

6.3.2 变量定义

（1）商业信用

本章用三个指标对企业商业信用的使用情况进行衡量，三个指标分别如下：应收款项比率、应付款项比率和商业信用净额比率。

①应收款项是指企业在日常经营中提供给客户的商业信用，具体包括企业提供给客户的应收票据、应收账款和预付款项等。应收款项比率用企业期末应收款项总额与本期销售收入的比值来衡量，该指标衡量了企业对外提供商业信用的能力。

②应付款项是指企业在日常经营中获得上游企业的商业信用，具体包括企业获得的应付账款、应付票据和预收款项等。应付款项比率用企业期末应付款项总额与本期销售收入的比值来衡量，该比率衡量了企业从上游商业伙伴获得的商业信用。

③商业信用净额比率用企业期末应收款项与应付款项的差额与当期销售收入的比值来衡量，该指标反映了企业商业信用的整体使用情况。

（2）文化维度

本章主要考察区域文化中的不确定性规避程度和悖强性对企业商业信用使用情况的影响。各地区文化维度的不确定性规避程度和悖强性得分参考赵向阳等（2015）的研究，具体见表6-1。UA取值越大，表明该地区文化中的不确定性规避程度越强；Asser取值越大，表明该地区文化中的悖强性越强。我们采用公司CEO祖籍地的文化来衡量CEO的文化特质，当CEO祖籍地与公司注册地一致时，表明CEO个人的文化特质与公司所在地区文化特质相一致，Character取值为1；否则表明CEO个人文化特质与公司所在地区文化特质产生冲突，Character取值为0。本书选择祖籍地的文化来衡量企业CEO的文化特质，主要出于样本容量的考虑。由于上市公司CEO的祖籍地和出生地等信息是非强制性披露的，因此上市公司对这些信息的披露有限，只有少量的公司公开地披露这些信息，导致了样本规模比较小。相较之下，披露上市公司CEO祖籍地信息的公司更多一些，为了增加样本量，我们选择以CEO的祖籍地文化作为CEO个人文化特质的替代变量。这种选择并不会损害本书研究的可信性，主要原因如下：一是文化具有稳定性，可以不变地从一代人传到下一代人身上，因此，上市公司CEO传承了其祖辈的文化；二是现阶段我国上市公司CEO的年龄普遍较高，由于经济和人口流动等原因，他们的祖籍地通常与出生地一致。

（3）控制变量

本部分的控制变量包括企业规模、利润率、现金持有水平、资产负债率、固定资产比率、销售收入增长率、银行贷款、市场竞争程度，同时为了控制地区经济发展水平对研究结果的影响，我们还控制了地区人均GDP水平。本章主要变量的定义及说明见表6-2。

表6-2　　　　　　　　　　　主要变量定义及说明

变量名称	变量定义
Receivable	公司当年对外提供的商业信用水平，等于企业期末应收账款、应收票据和预付款项总和与本期销售收入的比值
Payable	公司当年接受的商业信用水平，等于企业期末应付账款、应付票据和预收款项总和与本期销售收入的比值
Tradecredit	公司当年商业信用净额比率，等于企业期末应收款项与应付款项的差额与本期销售收入的比值
UA	地区文化的不确定性规避程度维度，具体见表6-1
Asser	地区文化的恃强性维度，具体见表6-1
Size	公司规模，用公司期末总资产的自然对数衡量
Profit	利润率，用公司当年营业收入与营业成本的差值与期末总资产的比值衡量
Cash	现金水平，用公司期末现金及短期投资总额与期末总资产比值衡量
Lev	资产负债率，用公司期末负债总额与资产总额的比值来衡量
Fixedasset	固定资产净值，用公司期末固定资产净值与资产总额的比值来衡量
Growth	销售收入增长率，用公司本年度销售收入与上年度销售收入的差额与上年度销售收入的比值来衡量
Character	公司CEO的文化特质，当CEO文化特质与公司注册地的文化特质一致时取值为1，否则取值为0
Bankloan	银行贷款，用公司期末长期贷款与短期贷款之和与期末总资产的比值来衡量
IndexH	市场竞争程度，用赫芬达尔指数来衡量，具体计算方法为：一个行业内各个公司销售收入占行业总销售收入比值的平方和
GDP	地区经济发展水平，用各省、自治区、直辖市当年人均GDP的自然对数来衡量

6.3.3　研究模型

为了对本章的研究假设进行实证检验，我们构建了如下模型来分析区域文化对企业商业信用使用情况的影响。进一步为了检验管理者文化特质对企业商业信用使用情况的影响，我们将所有样本分为两组：一组为 CEO 文化特质与公司所在地区的文化一致的上市公司；另一组为 CEO 文化特质与公司所在地区的文化不一致的上市公司。进一步我们利用模型（6-1）分别对两组样本进行回归：

$$\begin{aligned}
\text{Tradecredit}_{i,t} = {} & \alpha_0 + \alpha_1 \text{Culture}_{i,t} + \alpha_2 \text{Size}_{i,t} + \alpha_3 \text{Profit}_{i,t} + \alpha_4 \text{Cash}_{i,t} + \alpha_5 \text{Lev}_{i,t} \\
& + \alpha_6 \text{Fixedasset}_{i,t} + \alpha_7 \text{Growth}_{i,t} + \alpha_8 \text{Bankloan}_{i,t} + \alpha_9 \text{IndexH}_{i,t} \\
& + \alpha_{10} \text{GDP}_{i,t} + \sum \text{Yeardummy} + \sum \text{Industrydummy} + \varepsilon_{i,t}
\end{aligned} \qquad (6\text{-}1)$$

6.3.4　描述性统计

表6-3对各地区上市公司使用商业信用的情况和地区文化的不确定性规避程度、恃强性两个维度进行了描述。从表6-3中可以看出我国各地区商业信用的使用情况差异比较大。从应收款项来看，贵州省在销售中向客户提供商业信用的力度比较大，其境内上市公司平均应收款项占销售收入的比例为50.1%，即平均来看，贵州省上市公司的销售额有一半来自赊销；而海南省在销售中向客户提供商业信用的力度比较小，其境内上市公司平均应收款项占销售收入的比例为20.2%，即平均来看，海南省上市公司的销售额只有20.2%来自赊销收入。从应付款项来看，吉林省的公司在日常经营中占用上游供应商的款项较多，其利用商业信用进行融资的能力比较强，平均来看，吉林省的上市公司应付款项的比例占其销售总额的比重达到69.3%；而西藏自治区的公司在日常经营中占用上游供应商的款项较少，平均来看，西藏自治区的上市公司应付款项的比例占其销售总额的比重只有15%。最后，从商业信用净额比率方面来看，西藏自治区的公司从整体上是商业信用提供者，其境内上市公司平均提供的商业信用净额占销售收入的比重为30.1%；吉林省的公司从整体上看是商业信用获得者，平均来看，其境内上市公司使用商业信用的净额占其销售收入的41.9%，表明其利用商业信用的能力较强。

表6-3 地区商业信用使用情况及文化特质

地区	Receivable	Payable	Tradecredit	UA	Asser
安徽	0.368	0.318	0.051	4.41	4.30
北京	0.357	0.316	0.043	4.29	4.27
福建	0.323	0.324	−0.005	4.31	4.25
甘肃	0.312	0.340	−0.029	4.27	4.02
广东	0.299	0.329	−0.030	4.37	4.15
广西	0.234	0.205	0.029	4.30	4.17
贵州	0.501	0.243	0.259	4.15	4.41
海南	0.202	0.192	0.004	4.15	4.12
河北	0.311	0.257	0.046	4.22	4.08
河南	0.461	0.434	0.139	4.38	4.12
黑龙江	0.326	0.502	−0.163	4.38	4.01
湖北	0.300	0.278	0.022	4.46	4.16
湖南	0.233	0.235	−0.002	4.31	4.12
吉林	0.262	0.693	−0.419	4.43	4.35
江苏	0.331	0.325	0.007	4.56	4.22
江西	0.229	0.234	−0.005	4.36	3.90
辽宁	0.357	0.435	−0.078	4.17	4.05
内蒙古	0.305	0.497	−0.212	4.32	4.21
宁夏	0.488	0.230	0.238	4.54	4.30
青海	0.392	0.266	0.126	4.17	4.03
山东	0.265	0.413	−0.145	4.43	4.10
山西	0.293	0.409	−0.137	4.30	4.20
陕西	0.334	0.294	0.044	4.30	4.07
上海	0.209	0.347	−0.137	4.43	4.20
四川	0.264	0.335	−0.069	4.20	3.96
天津	0.267	0.345	−0.078	4.36	4.21
西藏	0.451	0.150	0.301	4.42	4.34
新疆	0.354	0.405	−0.051	4.41	4.19
云南	0.257	0.207	0.049	4.26	4.12
浙江	0.294	0.360	−0.066	4.42	4.00
重庆	0.218	0.299	−0.081	4.27	4.24

表6-4是主要变量的描述性统计。从表6-4可以看出从总体上看，我国上市公司应收款项比率、应付款型比率和商业信用净额比率差异较大，表明上市公司使用商业信用这种非正式的融资方式的能力各不相同。从文化方面看，在我国，各地区不确定性规避程度差异也比较大，不确定性规避程度最严重的省份的 UA 值为4.56，而不确定性规避程度最轻的省份的 UA 值为4.15，这表明在风险的接受程度上，各

地区的接受能力相差比较大。另外，我国各地区文化中的特强性特征差异也比较大，特强性比较强的地区的 Asser 值为 4.41，而特强性比较弱的地区的 Asser 值为 3.9，这表明在面对冲突和风险时，各地区公司的态度不同，特强性比较强的地区在面对风险时更具有进取精神，更直面风险，而特强性比较弱的地区在面对风险时更容易退缩，更愿意躲避风险。

表6-4 　　　　　　　　　　　主要变量的描述性统计

变量名称	样本数	均值	标准差	最小值	中位数	最大值
Receivable	2 881	0.303	0.259	0.006	0.236	1.41
Payable	2 881	0.339	0.364	0.016	0.236	2.301
Tradecredit	2 881	−0.033	0.403	−1.98	0.011	0.95
UA	2 881	4.366	0.098	4.15	4.37	4.56
Asser	2 881	4.149	0.1	3.9	4.15	4.41
Size	2 881	22.063	1.408	19.225	21.84	26.099
Profit	2 881	0.081	0.167	−0.894	0.07	0.632
Cash	2 881	0.203	0.154	0.009	0.158	0.711
Lev	2 881	0.455	0.224	0.05	0.454	0.974
Fixedasset	2 881	0.227	0.173	0.001	0.185	0.736
Growth	2 881	0.206	0.443	−0.586	0.136	2.885
Bankloan	2 881	0.157	0.145	0	0.13	0.582
IndexH	2 881	0.108	0.104	0.014	0.071	0.64
GDP	2 881	10.807	0.409	9.866	10.874	11.513

6.4 实证结果与分析

6.4.1 区域文化与商业信用

为了验证文化对企业商业信用使用情况的影响，我们首先探索了区域固定效应是否可以解释各地区上市公司商业信用使用情况的差异。参照 Parsons、Sulaeman 和 Titman（2016）的方法，我们检验了区域固定效应对上市公司商业信用使用情况的解释力度。本章地区包括我国 31

个省、自治区和直辖市，样本量共5年，因此这里共有155个样本。从表6-5的模型（1）的结果可以看出，当仅仅将年度固定效应加入回归中时，模型的解释力度非常弱，但当同时控制年度固定效应和地区固定效应时，模型的解释力度激增。进一步，我们对地区固定效应进行了联合检验，F值为55.49，P值为0。这一结果表明地区固定效应能够在很大程度上解释地区商业信用使用的差异。在确定地区固定效应对企业商业信用使用情况的影响后，我们进一步检验地区的文化差异对商业信用使用情况的影响。为了检验区域文化对上市公司商业信用使用情况的影响，我们利用模型（6-1）对所有样本进行了全样本检验，回归结果见表6-6。首先，我们探讨了区域文化中的不确定性规避程度对上市公司商业信用使用情况的影响，结果见模型（1）、（4）和（7）。从模型（1）的回归结果可以看出，UA的回归系数为-0.083，并且在10%的显著性水平上显著，表明一个地区文化对不确定性的规避程度越高，该地区的上市公司越不愿意对客户提供商业信用，其应收款项占营业收入的比重越低。这一结果说明地区文化对不确定性的接受程度越低，则企业对风险的规避程度越高，为了避免对外提供商业信用的不确定性，企业不愿意进行赊销。从模型（4）的回归结果可以看出，UA的回归系数为0.176，并且在1%的显著性水平上显著，表明一个地区的文化对不确定性的规避程度越高，其境内企业向上游供应商要求获得商业信用的数量越多，这是因为企业在向上游企业购买商品时，由于存在信息的不对称，买方企业无法完全掌握产品质量的信息。此时，商业信用的使用能够起到对商品质量进行担保的作用。一个地区的文化对不确定性的规避程度越高，该地区企业在购买商品时，对商品质量的担忧越多，因此也越愿意使用延期付款的方式进行商品购买，所以其应付款项占当期销售收入的比重比较高。从模型（7）可以看出UA的系数为-0.229，并且在1%的显著性水平上显著。这说明当从商业信用净额来考虑时，一个地区的文化对不确定性规避程度越高，企业对风险的接受程度越低，企业提供商业信用的净额越低，甚至可能成为商业信用的净接受者；而一个地区的文化对不确定性规避程度越低，企业对风险的接受程度越高，企业提供商业信用的净额越高。上述结果证实了研究假设6.1。

表6-5	区域固定效应对商业信用的影响	
	(1)	(2)
因变量=地区商业信用净额/全国商业信用净额		
Year FE	Yes	Yes
Area FE		Yes
Observations	155	155
R squared	0	0.9306
Statistical Test of Area FE		
		vs. (1)
F-statistic		55.49
P-Value		0

接着，我们检验了文化维度中的特强性对企业商业信用使用情况的影响，利用模型（2）、（5）和（8）对研究假设6.2进行了检验。从模型（2）的结果可以看出，Asser的系数为0.203，并且在1%的显著性水平上显著。这说明一个地区的文化特强性越强，越愿意直面冲突和更具有进取性，则企业对风险的接受能力越强，同时企业愿意延迟收取货款以换取更高的销售额，因此，企业在销售中更愿意进行赊销，其应收款项占当期销售收入的比重也越高。在模型（5）中，Asser的系数为-0.010，但是在统计上是不显著的。这表明企业地区文化的特强性对企业接受商业信用的程度并没有显著的影响。在模型（8）中，Asser的系数为0.213，并且在1%的显著性水平上显著。这表明一个地区的文化特强性越高，越愿意直面冲突和更具有进取性，企业对风险的接受程度越高，因此企业提供商业信用的净额越高，企业更可能成为商业信用的净提供者。相反，如果一个地区的文化特强性越低，企业对风险的接受程度越低，则企业提供商业信用的净额越低，甚至企业可能成为商业信用的净接受者。上述结果总体上证实了研究假设6.2。

最后，我们将UA和Asser两个文化维度同时放入模型中进行检验，结果见模型（3）、（6）和（9），在模型（3）中，UA和Asser的系数分别为-0.101和0.210，并且分别在5%和1%的显著性水平上显著。在模型（6）中，UA的系数为0.178，并且在1%的显著性水平上显著；Asser的系数为-0.023，但是在统计上是不显著的。在模型（9）中，UA和Asser的系数分别为-0.250和0.228，并且均在1%的显著性水平上显著。上述结果进一步印证了前面的结果，假设6.1和6.2进一步得到证实。

表6-6 区域文化对上市公司商业信用使用情况的影响分析

	(1)	(2)	(3)	(4)	(5)	(6)	(7)	(8)	(9)
	因变量=Receivable			因变量=Payable			因变量=Tradecredit		
UA	-0.083* (0.080)		-0.101** (0.032)	0.176*** (0.003)		0.178*** (0.003)	-0.229*** (0.001)		-0.250*** (0.000)
Asser		0.203*** (0.000)	0.210*** (0.000)		-0.010 (0.850)	-0.023 (0.667)		0.213*** (0.000)	0.228*** (0.000)
Size	-0.028*** (0.000)	-0.027*** (0.000)	-0.028*** (0.000)	-0.011** (0.027)	-0.012** (0.015)	-0.011** (0.027)	-0.022*** (0.000)	-0.021*** (0.000)	-0.022*** (0.000)
Profit	0.001 (0.967)	0.004 (0.894)	0.004 (0.895)	-0.208*** (0.000)	-0.209*** (0.000)	-0.209*** (0.000)	0.190*** (0.000)	0.152*** (0.004)	0.193*** (0.000)
Cash	-0.391*** (0.000)	-0.392*** (0.000)	-0.393*** (0.000)	-0.149*** (0.001)	-0.150*** (0.001)	-0.149*** (0.001)	-0.286*** (0.000)	-0.288*** (0.000)	-0.287*** (0.000)
Lev	-0.151*** (0.000)	-0.152*** (0.000)	-0.153*** (0.000)	0.706*** (0.000)	0.704*** (0.000)	0.706*** (0.000)	-0.854*** (0.000)	-0.848*** (0.000)	-0.856*** (0.000)
Fixedasset	-0.565*** (0.000)	-0.565*** (0.000)	-0.563*** (0.000)	-0.415*** (0.000)	-0.412*** (0.000)	-0.416*** (0.000)	-0.179*** (0.000)	-0.181*** (0.000)	-0.178*** (0.000)
Growth	-0.009 (0.364)	-0.010 (0.278)	-0.010 (0.296)	-0.018 (0.141)	-0.017 (0.161)	-0.017 (0.145)	0.028** (0.038)	0.023* (0.095)	0.026** (0.048)
Bankloan	0.158*** (0.000)	0.151*** (0.000)	0.154*** (0.000)	-0.702*** (0.000)	-0.697*** (0.000)	-0.702*** (0.000)	0.825*** (0.000)	0.823*** (0.000)	0.820*** (0.000)
IndexH	0.098 (0.134)	0.089 (0.176)	0.087 (0.181)	-0.042 (0.606)	-0.043 (0.601)	-0.041 (0.617)	0.139 (0.134)	0.132 (0.154)	0.127 (0.169)
GDP	-0.048*** (0.000)	-0.069*** (0.000)	-0.059*** (0.000)	-0.030* (0.056)	-0.011 (0.465)	-0.029* (0.071)	-0.032* (0.074)	0.023* (0.095)	-0.043** (0.016)
Constant	1.843*** (0.000)	0.860*** (0.000)	1.175*** (0.000)	0.014 (0.956)	0.641** (0.011)	0.087 (0.779)	1.957*** (0.000)	0.464* (0.100)	1.232*** (0.000)
Obs.	2881	2881	2881	2881	2881	2881	2881	2881	2881
Adjusted R²	0.318	0.322	0.323	0.457	2881	0.457	0.438	0.438	0.440

注：*、**、***，分别表示在10%、5%、1%的水平上显著。

6.4.2 公司高管个人文化特质对区域文化和商业信用关系的影响

为了检验公司高管文化特质如何调节区域文化和商业信用之间的关系，我们按照公司CEO文化特质与公司所在地文化是否一致将全部样本进行分组，并利用模型（6-1）对分组样本进行回归，回归结果见表6-7。为了列示结果的简明和对比的方便，这里我们只列示了因变量为商业信用净额比率Tradecredit的回归结果，利用商业信用的另外两个指标应收款项比率Receivable和应付款项比率Payable的结果同样证实了我们的假设，这里为了节省空间没有将结果进行列示。

表6-7　管理者个人文化特质对区域文化与商业信用关系的影响

	Character=1			Character=0		
	（1）	（2）	（3）	（4）	（5）	（6）
UA	−0.180**		−0.229**	−0.323		−0.326**
	（0.044）		（0.010）	（0.172）		（0.034）
Asser		0.318***	0.346***		−0.011	−0.003
		（0.000）	（0.000）		（0.928）	（0.982）
Size	−0.016*	−0.014	−0.014	−0.028	−0.026**	−0.028**
	（0.070）	（0.114）	（0.111）	（0.138）	（0.030）	（0.020）
Profit	0.045	0.055	0.053	0.325*	0.303**	0.302**
	（0.708）	（0.655）	（0.665）	（0.082）	（0.030）	（0.029）
Cash	−0.299***	−0.319***	−0.319***	−0.361*	−0.345**	−0.360**
	（0.000）	（0.000）	（0.000）	（0.059）	（0.025）	（0.016）
Lev	−0.905***	−0.912***	−0.919***	−0.907***	−0.905***	−0.903***
	（0.000）	（0.000）	（0.000）	（0.000）	（0.000）	（0.000）
Fixedasset	−0.181***	−0.181***	−0.180***	−0.175	−0.190*	−0.174*
	（0.005）	（0.005）	（0.006）	（0.263）	（0.063）	（0.091）
Growth	0.049**	0.047**	0.047**	0.017	0.013	0.016
	（0.037）	（0.046）	（0.045）	（0.609）	（0.720）	（0.670）
Bankloan	0.889***	0.868***	0.879***	0.766***	0.782***	0.771***
	（0.000）	（0.000）	（0.000）	（0.000）	（0.000）	（0.000）
IndexH	0.055	0.056	0.057	0.215	0.222	0.215
	（0.675）	（0.668）	（0.669）	（0.208）	（0.100）	（0.110）
GDP	−0.029	−0.061***	−0.034	−0.030	−0.058**	−0.030
	（0.184）	（0.002）	（0.113）	（0.522）	（0.044）	（0.373）
Constant	1.550***	−0.233	0.373	2.656***	1.557***	2.685***
	（0.000）	（0.552）	（0.426）	（0.009）	（0.002）	（0.001）
Obs.	1 764	1 764	1 764	1 117	1 117	1 117
Adjusted R^2	0.404	0.409	0.412	0.481	0.479	0.481

从表6-7中可以看出，在Character=1即CEO文化特质与公司所在地区域文化相同的一组中，UA的系数显著为负而Asser的系数显著为正，表明地区文化对企业商用信用的使用情况有着显著影响。一个地区的文化对不确定性的规避程度越高，企业在对外提供商业信用时越谨慎，提供商业信用净额的数量也越少。一个地区的文化恃强性越强，企业提供商业信用的意愿越强烈，其提供商业信用净额的数量会越多。这表明当企业CEO文化特质与区域文化特征一致时，相同的文化信念减少了企业决策中的文化冲突，使得区域文化对企业商业信用的使用情况产生影响。这一结论与6.4.1中的结论一致，再次证明了我们的研究假设6.1和6.2。通过对比我们发现，在Character=0即CEO文化特质与公司所在地区域文化不相同的一组，UA和Asser的系数基本都是不显著的，这表明当CEO自身的文化特质与公司所在地的区域文化产生冲突时，区域文化对企业商业信用的使用将不再产生显著的影响。

Hambrick和Manson（1984）的"高阶理论"及行为金融学等理论研究表明企业管理者的个人特质对企业决策具有极其重要的影响，本部分结论进一步证实了这些理论，表明企业CEO个人文化特质对企业决策具有重要影响。企业CEO是企业日常经营的主要负责人，对企业决策具有重要的影响，同时CEO的个人文化特质也会在一定程度上奠定企业文化的基础。因此，当CEO个人文化与区域文化相冲突时，由于CEO在企业经营决策中的重要作用，CEO个人特质对决策起着更关键更重要的作用，因而削弱了区域文化对企业商业信用使用决策的作用，使得区域文化影响不再显著。这一结果证实我们的研究假设6.3，同时也进一步证实了管理者个人特质在企业决策中的重要作用。另外，我们在表6-6和表6-7中可以发现，企业银行贷款与企业商业信用的提供呈现显著的正相关关系，即企业银行贷款数量越多，企业对外提供的商业信用也越多，这一结果证实了商业信用的二次信贷作用，即更容易从银行等正规金融机构获得融资的公司更愿意以商业信用的形式向其他企业提供融资资金。这也间接证实了现有研究关于商业信用是银行贷款的替代融资方式的结论。

6.4.3 稳健性检验

出于稳健性的考虑，我们利用另外一种指标来衡量企业的商业信用，即用应收款项总和占企业总资产的比例来衡量企业对外提供商业信用的水平，用应付款项占企业总资产的比例来衡量企业获得上游供应商的商业信用水平，用应收款项与应付款项的差额与企业总资产的比值来衡量企业提供商业信用净值的水平。利用这一指标对我们的研究假设进行实证检验，结果与前述结果基本一致，表明我们的结果是稳健的。

6.5 本章小结

本章实证检验了区域文化对上市公司商业信用使用情况的影响，结果发现，区域文化会影响企业对风险的承受能力，进而影响商业信用这一使用风险较高的融资方式。研究结果表明，地区文化对不确定性的规避程度越高，其境内企业要求上游供应商提供商业信用的数量越多，这是因为企业在向上游企业购买商品时，由于存在信息的不对称，买方企业不能对商品的质量完全了解，此时，商业信用的使用能够起到对商品质量进行担保的作用。一个地区的文化对不确定性的规避程度越高，该地区企业在购买商品时，对商品质量的担忧越多，因此也更愿意使用延期付款的方式进行商品购买，所以其应付款项占当期销售收入的比重比较高。一个地区的文化对不确定性规避程度越高，企业对风险的接受程度越低，因此企业提供商业信用的净额越低，甚至可能成为商业信用的净接受者；而当一个地区的文化对不确定性规避程度越低时，企业对风险的接受程度越高，因此企业提供商业信用的净额越高。一个地区的文化特强性越高，越愿意直面冲突和更具有进取性，企业对风险的接受程度越高，企业对外提供商业信用的水平越高。相反，如果一个地区的文化特强性越低，企业对风险的接受程度越低，企业对外提供商业信用的水平越低。进一步研究发现，企业 CEO 的个人文化特质对区域文化与商业信用的关系产生了重要影响。当 CEO 个人文化特质与区域文化一致时，区域文化对企业商业信用的使用具有重要影响。而当 CEO 个人文化特质与区域文化产生冲突时，CEO个人的文化特质对企业决策的影响力更大，导致区域文化对商业信用的影响不再显著。

本章的研究表明区域文化对企业决策具有重要影响，但CEO个人文化特质对企业决策的影响更直接，当CEO个人文化与区域文化冲突时，区域文化的作用不再显著。本章研究表明区域文化差异是我国上市公司商业信用使用情况的一个重要影响因素，同时证实了管理者个人特质对企业决策的影响，拓展了相关研究，丰富了相关文献。

7 区域文化、管理者特质与企业现金持有

7.1 问题的提出

  企业必须持有一定量的现金以满足日常经营和交易（Mulligan，1997）或者应对未来的不确定性及未来优质的投资机会（Han 和 Qiu，2007；Acharya 等，2007；Riddick 和 Whited，2009）。企业现金持有水平是公司一项重要的战略决策，现金持有水平直接影响着企业资产的流动性，并且对公司资本成本和投资能力产生重要的影响，进而影响了企业的价值和发展前景。企业现金持有量太少可能导致企业资金紧张或资金链断裂进而影响企业经营甚至导致经营危机，而过多的现金持有又会降低企业的投资效率或者增加管理层滥用现金的风险（Pinkowitz 等，2006）。因此，企业现金持有水平一直是学术界讨论的热点话题。

  关于企业现金持有水平的理论主要有两种：一种是权衡理论；一种是代理理论。权衡理论认为企业现金持有量主要取决于企业对现金持有的收益和成本的权衡，如果企业现金的机会成本低于企业外部融资的成

本，那么企业的高额现金持有量并不会损害公司的价值。相反，企业大量的现金持有能够应对企业在面对良好的投机机会时对资金的需求。因此，权衡理论认为企业高额现金持有并不必然导致企业价值的损失。现金持有的代理观认为企业经营者和所有者之间存在代理问题，大股东与小股东之间也存在着代理问题，由于代理问题的存在，企业高管或者大股东持有大量的现金是为了满足自身需求而非为了公司利益最大化，这将对公司的价值产生损害。现有研究对这两种理论进行了广泛的探讨和论证。Cummins 和 Nyman（2004）以及万良勇和饶静（2013）的研究表明当企业面临的宏观及微观不确定性较高时，大量的现金持有能够缓解公司对现金的需求，有利于提升企业价值。这些结果支持了现金持有的"权衡理论"。而 Dittmar 和 Mahrt-Smith（2007）的研究则支持了"代理理论"。另外，杨兴全、张丽平和吴昊昊（2014）的研究也发现管理层权力显著提高了上市公司现金持有水平，并且高额的现金持有量具有负面的价值效应，同时，高权力的管理层持有的高额现金加剧了企业过度投资水平，这一结论也证实了现金持有的"代理理论"。

　　除了对企业现金持有价值的讨论外，很多文献也探讨了企业现金持有水平的决定因素。Oper 等（1999）探讨了企业财务状况对现金持有水平的影响，发现盈利能力强、风险低的公司更倾向于持有较低水平的现金。王福胜和宋海旭（2012）发现企业的经营战略会对现金持有水平产生影响，企业的多元化经营有助于分散企业风险，同时有利于企业发挥内部融资的优势，因此，为了降低现金持有成本，企业更倾向于持有少量的现金。也有一些研究从公司治理的角度探索现金持有水平的影响因素。例如，Harford 等（2008）认为公司治理水平差的企业更可能出现代理问题，进而持有更多的现金，支持了"代理理论"的观点。另外，也有一些学者研究了外部政策对企业现金持有水平的影响。王红建、李青原和邢斐（2014）发现经济政策的不确定性是企业面临的系统性风险，政策不确定性越大，企业未来风险越高，为了降低企业未来的经营和融资风险，企业越有动机持有更多的现金。饶品贵和张会丽（2015）研究了通货膨胀预期对企业现金持有水平的影响，结果发现如果企业预期通货膨胀率上升则会减少现金的持有水平。

上述研究从公司内部财务状况、公司治理水平及外部政策等方面探讨了企业现金持有水平的影响因素，但却忽略了文化这一非正式制度的影响。非正式制度是正式制度制定的基础并且在很大程度上决定了正式制度的制定和实施。文化是一个社会中人们共享的价值观和信念，影响着个人的态度、信念、思想及行为。文化作为一种非正式制度奠定了人们的认知基础。一个社会的文化对人们风险的接受程度等具有重要影响。另外，文化奠定了社会规范的基础，而社会规范能够对人的行为产生影响，人们都愿意使自己的行为与社会中其他人的行为保持一致（Kohlberg，1984），据此来避免因为违反社会广为接受或者认为正确的规则、价值观或者信念而受到处罚（Sunstein，1996）。根据社会规范理论，企业现金持有水平可能会受到同一地区其他企业的影响，为了与其他企业保持一致的趋势，企业在确定现金持有水平时可能会参考其他企业。文化作为一种非正式制度将如何对公司现金持有决策产生影响？本章将对这一问题进行实证检验。

7.2　理论分析与假设

企业持有现金的一个目的是保证企业日常生产和经营的顺利进行（Mulligan，1997），另一个目的就是应对未来的不确定性及未来优质的投资机会（Han 和 Qiu，2007；Acharya 等，2007；Riddick 和 Whited，2009）。权衡理论指出企业现金持有量主要取决于企业对现金持有的收益和成本的权衡，如果企业持有现金的机会成本低于企业外部融资的成本，那么企业更愿意持有现金以降低资本成本和应对未来资金需求。中国是世界上最大的新兴市场国家，现阶段中国经济又面临着转型的压力，新兴加转轨的双重特征使得中国的金融市场具有特殊的现实境况。我国金融体系起步较晚，虽然经历了金融发展和改革，但是整体上我国金融发展水平仍然比较落后。落后的金融体系不能满足迅速发展的企业对资金的大量需求，这就导致了融资约束问题。沈红波等（2010）研究表明，中国上市公司普遍存在着融资约束现象。另外，中国企业面临着严重的信贷配给问题（Allen 等，2005），信贷配给现象的存在使得很多企业尤其是民营企业无法从金融机构获得信贷资金，从而限制了企业的发展。当面临着融资约束和信贷配给时，企业融资的一个重要手段就是内部融资，即利用企业内部现金来满足企业资金需求。当企业发展眼光越长远、越着眼于未来时，企业持有现金以应对未来发展对资金的需求的意愿越强烈。文化的未来导向是指个人或企业致力于（或应该致力于）为未来事件做准备活动的程度，这些准备活动包括计划、对未来的投资等。如果一个地区的文化越倡导对未来事件的规划，越提倡以长远的眼光来看待问题，那么这个地区文化的未来导向性越强。地区文化的未来导向性越强，企业越重视为未来的投资和发展机会做好准备，为了满足未来投资资金的需求，企业更愿意持有现金以降低未来资金紧缺的可能性。另外，由于我国企业普遍面临着融资约束与信贷配给的问题，企业留有资金应对未来投资机会的动机会进一步加强。综上，当地区文化的未来导向越强烈时，企业越愿意持有更多的现金以应对未来投资的需要。据此，我们提出研究假设 7.1。

假设7.1 区域文化的未来导向性越强，企业的现金持有水平越高

集体主义是指组织或社会鼓励和奖励（或应该鼓励或奖励）资源的集体分配和集体行动的程度。在倡导集体主义的文化中，人们的思考方式是整体型思考模式，倾向于将事物看做一个整体而非独立的个体（Choi 和 Nisbett，2000；Nisbett 等，2001）。在这种思维模式下，企业在进行决策时更倾向于考虑企业行为及决策对整体的影响。因此，企业在决定现金持有水平时，会多方面考虑企业生产经营及投资融资的各个方面对现金的需求，这会使得企业愿意持有更多的现金以应对企业各个方面的活动。如果一个地区的文化是集体主义导向的，那么企业在进行决策时更容易模仿其他企业，产生集群效应（Beckmann、Menkhoff 和 Suto，2008）。因此，一个地区的文化越强调集体主义，那么企业在决定现金持有量时更容易受到其他企业影响，这使得整体上企业现金持有量会升高。另外，集体主义文化对风险的容忍程度更低，风险规避程度更高（Shupp 和 Williams，2008）。因此，为了避免企业生产经营因资金缺乏或资金链断裂而受到影响，同时为满足未来好的投资机会对资金的需求，受集体主义文化影响越深的企业越愿意持有更多的现金。综

上，地区文化越强调集体主义，则企业持有现金的动机越强烈，企业现金持有量越高。据此，我们提出研究假设7.2。

假设7.2 区域文化的集体主义导向性越强，企业的现金持有水平越高

企业现金持有量决策受到企业高管的重要影响，现金持有的代理理论也强调了管理者动机直接影响着企业现金持有水平。当企业CEO身上承载的文化与公司所在区域的文化一致时，相同的文化使得CEO决策偏好与区域文化偏好一致，一致的文化偏好降低了企业决策过程中的文化冲突，使得区域文化对企业决策产生显著影响。而当CEO身上承载的文化与公司所在地文化不一致时，CEO的文化偏好可能与区域文化偏好产生冲突，进而削弱了区域文化对企业决策的影响。由于CEO对企业决策的重要影响，导致区域文化对企业现金持有量决策的影响不再显著。据此，我们提出研究假设7.3。

假设7.3a 当CEO文化特质与公司所在地的文化相同时，文化的未来导向性对企业现金持有水平的影响效应更强

假设7.3b 当CEO文化特质与公司所在地的文化相同时，文化的集体主义导向性对企业现金持有水平的影响效应更强

7.3 研究设计

7.3.1 样本选择与数据来源

（1）样本选择

本章的研究对象为2010—2014年我国沪深两市A股上市公司。本书按照以下标准对样本进行筛选：①由于金融行业的特殊性，剔除金融行业样本；②剔除主要研究变量观测值缺失的样本。为了消除极端值对本书结果的影响，我们对所有连续型变量在1%和99%水平上进行Winsorize处理。为了检验企业高管的文化特质对区域文化与企业现金持有水平之间关系的影响，我们需要获得上市公司CEO的文化背景数据。本书采用CEO祖籍地文化衡量CEO的文化特质，因此，我们需要

搜集上市公司CEO的祖籍地信息，但是由于上市公司CEO的祖籍地信息并不是强制披露的信息，因此很多上市公司没有对此进行披露。披露此类信息的上市公司比例较低，使得我们的最终样本量变小，最终，得到了2 508个公司-年度观测。

（2）数据来源

为了衡量我国各省、自治区、直辖市的区域文化，本书借鉴了赵向阳等（2015）的研究成果。赵向阳等（2015）以大学一年级新生作为调查对象，研究来自不同地区的大学生的文化差异，进而用大学一年级新生的文化价值观代表其所在地区的文化价值观。之所以将样本选定为大学一年级新生是因为大学新生来自祖国各地，具有多样性，同时刚入学的大学新生还没有受到其他更多文化的熏染，仍然带着强烈的自己家乡的文化价值观。在赵向阳等（2015）的研究中，样本新生有来自"985""211"高校的新生，也有来自地方性院校的大学生。作者借鉴了GLOBE研究的文化习俗问卷内容，要求参与调查的学生回答问卷问题。进一步，根据GLOBE研究的指导手册，作者将问卷中个体层次上的得分，整合到省份层次上，得到了31个省份的数据。其中，GLOBE的9个文化习俗分别为不确定性规避、未来导向、权力差距、集体主义、人际关怀导向、绩效导向、小团体集体主义、性别平等和恃强性。

赵向阳等（2015）的研究利用调查问卷的方式分别利用GLOBE和Schwartz两种研究方法计算了中国各省、自治区和直辖市的文化得分，本部分中我们将采用利用GLOBE调查问卷计算出的文化分值。之所以选择GLOBE文化得分，是基于以下两个方面的考虑：首先，GLOBE研究是跨文化研究中的最新进展，基本上囊括了前人的主要研究成果；其次，GLOBE指标的文化价值观是与工作和管理相关的文化价值观，本章主要的研究问题是区域文化对企业决策的影响，因而采用与工作和管理相关的文化价值观更加契合我们的研究目标。我国各地区文化维度具体得分情况见表6-1。

本书财务数据来自国泰安CSMAR数据库，公司CEO文化特质的资料在CSMAR数据库中的人物特征综合资料的基础上，对不明确的数据进行手工搜集整理。

7.3.2 变量定义

（1）现金持有水平

本章采用两个指标来衡量企业现金持有水平：一是企业期末现金与总资产的比值；二是企业期末现金与净资产的比值。其中，现金与总资产的比值使用企业期末现金与金融资产的总和与期末总资产的比值来衡量，而现金与净资产的比值使用企业期末现金与金融资产的总和与企业期末净资产的比值来衡量，其中企业净资产等于企业期末总资产减去期末现金数量。

（2）文化维度

本部分主要考察区域文化中的未来导向性和集体主义导向性对企业现金持有水平的影响。各地区文化中的未来导向性和集体主义导向性数据参考赵向阳等（2015）的研究，具体见表6-1。FO取值越大，表明该地区文化中的未来导向性越强；IC取值越大，表明该地区文化中的集体主义倾向越强。我们采用公司CEO祖籍地的文化来衡量CEO的文化特质，当CEO祖籍地与公司所在地一致时，表明CEO个人的文化特质与公司所在地区文化特质相一致，Character取值为1；否则表明CEO个人文化特质与公司所在地区文化特质存在冲突，Character取值为0。对于CEO文化特质的衡量可以采用其祖籍地文化也可以采用其出生地文化，之所以选择祖籍地的文化来衡量企业CEO的文化特质，主要出于对样本容量的考虑。由于上市公司CEO的祖籍地和出生地等信息是非强制性披露的，因此上市公司对这些信息的披露有限，只有少量的公司公开地披露了这些信息，导致了样本规模比较小。相较之下，披露上市公司CEO祖籍地信息的公司更多一些，为了增加样本量，我们选择以CEO的祖籍地文化作为CEO个人文化特质的替代变量。这种选择并不会损害本书研究的可信性，主要原因如下：一是文化具有稳定性，可以不变地从一代人传到下一代人身上，因此，上市公司CEO传承了其祖辈的文化；二是现阶段我国上市公司CEO的年龄普遍较高，由于经济和人口流动等原因，他们的祖籍地通常与出生地一致。

（3）控制变量

参考现有关于企业现金持有水平的文献，本章的控制变量包括公司规模、盈利能力、营运资本、销售收入增长率、资本性支出和资产负债率等。另外，为了控制不同地区经济发展水平的差异，我们还控制了各地区人均GDP水平。本章变量定义及具体说明见表7-1。

表7-1　　　　　　　　　　　主要变量定义及说明

变量名称	变量说明
Cashholding1	公司期末现金持有水平指标1，用公司期末持有的现金与金融资产之和与期末总资产的比值来衡量
Cashholding2	公司期末现金持有水平指标2，用公司期末持有的现金与金融资产之和与期末净资产的比值来衡量，其中期末净资产等于期末总资产减去期末现金
FO	地区文化的未来导向维度，具体值见表6-1
IC	地区文化的集体主义维度，具体值见表6-1
Size	公司规模，用公司期末总资产的自然对数来衡量
Profit	盈利能力，用公司本期净利润与固定资产折旧、无形资产摊销之和与期末总资产的比值来衡量
Nwc	营运资本比率，用公司期末流动资产减去现金及流动负债与期末总资产的比值来衡量
Growth	用公司当期主营业务收入增长率来衡量
Capex	资本性支出，用公司购建固定资产、无形资产以及其他长期资产支付的现金净额与期末总资产的比值来衡量
Lev	资产负债率，用公司期末负债与总资产的比值来衡量
GDP	用当期公司所在地区的人均GDP的自然对数来衡量

7.3.3　研究模型

为了对本章的研究假设进行检验，我们构建了模型（7-1）来分析区域文化对企业现金持有水平的影响。进一步，为了实证检验管理者文化特质对区域文化与企业现金持有量的关系的影响，我们将所有样本分为两组：一组为 CEO 的文化特质与公司所在地区的文化一致的上市公司；另一组为 CEO 文化特质与公司所在地区的文化不一致的上市公司。进一步，我们利用模型（7-1）分别对两组样本进行回归：

$$Cashholding_{i,t} = \alpha_0 + \alpha_1 Culture_{i,t} + \alpha_2 Size_{i,t} + \alpha_3 Profit_{i,t} + \alpha_4 Nwc_{i,t}$$
$$+ \alpha_5 Growth_{i,t} + \alpha_6 Capex_{i,t} + \alpha_7 Lev_{i,t} + \alpha_8 GDP + \quad (7\text{-}1)$$
$$\sum Yeardummy + \sum Industrydummy + \varepsilon_{i,t}$$

7.3.4 描述性统计

表 7-2 对我国各地区上市公司现金持有水平和地区文化的未来导向和集体主义两个维度进行了描述。从表 7-2 可以看出我国各省、自治区和直辖市的上市公司现金持有水平有着比较大的差异。从现金持有水平的第一个指标来看，贵州省的上市公司平均现金持有量占总资产的比例最高，为 27.3%，而宁夏回族自治区的上市公司平均现金持有量占总资产的比例最低，仅为 8%，总体上存在较大的差异。从现金持有水平的第二个指标来看，贵州省的上市公司平均现金持有量占净资产的比例仍然最高，达 49.8%，说明平均来看，样本中贵州省境内的上市公司近一半净资产以现金的形式存在。而宁夏回族自治区的上市公司平均现金持有量占净资产的比例最低，仅为 9%，表明从平均来看，宁夏回族自治区境内的上市公司的净资产仅有 9% 是以现金的形式存在的，利用第二种指标衡量的企业现金持有水平在整体上的差距进一步拉大。

表 7-2　　　　　　　　不同地区企业现金持有水平及文化差异

地区	Cashholding1	Cashholding2	FO	IC
安徽	0.242	0.356	4.32	4.78
北京	0.267	0.428	4.17	4.59
福建	0.159	0.203	4.24	4.77
甘肃	0.148	0.179	4.20	4.61
广东	0.235	0.365	4.37	4.72
广西	0.158	0.205	4.35	4.75
贵州	0.273	0.498	4.23	4.72
海南	0.219	0.349	4.21	4.66

地区	Cashholding1	Cashholding2	FO	IC
河北	0.168	0.259	4.22	4.61
河南	0.179	0.234	4.23	4.73
黑龙江	0.118	0.134	4.22	4.59
湖北	0.150	0.212	4.21	4.71
湖南	0.201	0.307	4.39	4.72
吉林	0.130	0.172	4.26	4.73
江苏	0.220	0.332	4.17	4.83
江西	0.197	0.273	4.34	4.78
辽宁	0.182	0.276	4.17	4.61
内蒙古	0.140	0.183	4.09	4.90
宁夏	0.080	0.090	4.37	4.82
青海	0.132	0.153	4.12	4.41
山东	0.177	0.266	4.25	4.73
山西	0.175	0.249	4.25	4.70
陕西	0.211	0.301	4.07	4.58
上海	0.192	0.291	4.26	4.48
四川	0.195	0.311	4.04	4.70
天津	0.212	0.299	4.22	4.82
西藏	0.248	0.426	4.01	4.50
新疆	0.168	0.199	4.23	4.87
云南	0.139	0.174	4.11	4.59
浙江	0.215	0.363	4.23	4.65
重庆	0.214	0.292	4.20	4.74

表7-3是本章主要变量的描述性统计结果，从表7-3中可以看出从现金持有水平的第一个指标来看，平均来说，我国上市公司总体上持有现金占总资产的比例为20.3%，其中最小值为0.8%，而最大值为71.7%，存在较大的变异程度。而从现金持有水平的第二个指标来看，我国上市公司总体上持有现金占净资产的比例为30.8%，其中最小值为0.8%，而最大值为221.2%，表现了更大的变异程度。文化中的未来导向维度平均值为4.241，最小值为4.01，而最大值为4.39。文化中的集体主义平均值为4.69，最小值为4.41，最大值为4.87。

表7-3　　　　　　　　　　　主要变量的描述性统计

变量名称	样本数	均值	标准差	最小值	中位数	最大值
Cashholding1	2508	0.203	0.152	0.008	0.159	0.717
Cashholding2	2508	0.308	0.366	0.008	0.185	2.212
FO	2508	4.241	0.088	4.01	4.23	4.39
IC	2508	4.69	0.091	4.41	4.72	4.87
Size	2508	22.035	1.381	19.251	21.812	25.937
Profit	2508	0.064	0.052	−0.112	0.06	0.227
Nwc	2508	0.031	0.209	−0.53	0.036	0.528
Growth	2508	0.199	0.442	−0.574	0.128	2.885
Capex	2508	0.06	0.056	0	0.044	0.26
Lev	2508	0.452	0.222	0.051	0.449	0.94
GDP	2508	10.811	0.406	9.866	10.875	11.513

7.4　实证结果与分析

7.4.1　区域文化与企业现金持有水平

为了检验区域文化对企业现金持有水平的影响，我们利用模型（7-1）对假设7.1和假设7.2进行了检验，结果见表7-4。从模型（1）和模型（4）的结果我们可以看出，FO的回归系数分别为0.097和0.230，并且均在1%的显著性水平上显著，说明无论采用现金持有量占总资产的比例还是采用现金持有量占净资产的比例来衡量企业现金持有水平，结果均表明一个地区的文化越着眼于未来，文化的未来导向性越强，企业越可能持有更多的现金以应对未来的不确定性和未来的投资机会等对现金的需求，假设7.1得到验证。模型（2）和模型（5）检验了文化维度中的集体主义对企业现金持有水平的影响，在两个模型中，IC

的系数分别为 0.107 和 0.204，并且二者均在 1% 的显著性水平上显著。这一结果表明无论采用哪种指标来衡量企业的现金持有水平都表明一个地区的文化越倡导集体主义，该地区的企业越愿意持有更多的现金，假设 7.2 得到验证。模型（3）和模型（6）同时将 FO 和 IC 两个变量放入回归模型中，其结果依然支持之前的结论。在模型（3）中，FO 和 IC 的系数分别为 0.079 和 0.091，并且均在 1% 的显著性水平上显著。在模型（6）中，FO 和 IC 的系数分别为 0.197 和 0.165，并且均在 1% 的显著性水平上显著。这一结果进一步验证了假设 7.1 和假设 7.2，表明区域文化中的未来导向和集体主义均与企业现金持有水平显著正相关。

表 7-4　　　文化对企业现金持有量的影响——全样本回归

	（1）	（2）	（3）	（4）	（5）	（6）
	因变量=Cashholding1			因变量=Cashholding2		
FO	0.097***		0.079***	0.230***		0.197***
	（0.001）		（0.009）	（0.002）		（0.008）
IC		0.107***	0.091***		0.204***	0.165***
		（0.000）	（0.001）		（0.001）	（0.006）
Size	0.018***	0.019***	0.019***	0.036***	0.038***	0.037***
	（0.000）	（0.000）	（0.000）	（0.000）	（0.000）	（0.000）
Profit	−0.081	−0.088	−0.085	−0.340***	−0.356***	−0.348***
	（0.144）	（0.111）	（0.125）	（0.008）	（0.005）	（0.007）
Nwc	−0.173***	−0.175***	−0.176***	−0.555***	−0.557***	−0.561***
	（0.000）	（0.000）	（0.000）	（0.000）	（0.000）	（0.000）
Growth	0.008	0.009	0.008	0.011	0.012	0.011
	（0.127）	（0.108）	（0.134）	（0.336）	（0.284）	（0.348）
Capex	−0.327***	−0.330***	−0.333***	−0.906***	−0.909***	−0.917***
	（0.000）	−0.330***	（0.000）	（0.000）	（0.000）	（0.000）
Lev	−0.465***	−0.467***	−0.467***	−1.142***	−1.147***	−1.147***
	（0.000）	（0.000）	（0.000）	（0.000）	（0.000）	（0.000）
GDP	−0.003	0.003	0.002	−0.006	0.006	0.003
	（0.674）	（0.619）	（0.738）	（0.705）	（0.737）	（0.863）
Constant	−0.367**	−0.538***	−0.783***	−0.823**	−0.963***	−1.575***
	（0.016）	（0.001）	（0.000）	（0.025）	（0.007）	（0.001）
Obs.	2 508	2 508	2 508	2 508	2 508	2 508
Adj. R^2	0.411	0.412	0.413	0.388	0.387	0.389

说明：***、**、*分别表示该变量估计系数在 1%、5%、10% 水平上显著，括号内为 p 值。

7.4.2 高管个人文化特质对区域文化和企业现金持有水平关系的影响

为了检验公司高管文化特质对区域文化和企业现金持有水平之间关系的影响，我们将所有样本分为两组：一组为公司CEO文化特质与企业所在地文化特质相同的组，即CEO祖籍地与公司注册地一致；另一组为公司CEO文化特质与企业所在地文化特质不同的组，即CEO祖籍地与公司注册地不一致。我们利用模型（7-1）分别对两组样本进行检验，结果见表7-5和表7-6。从表7-5和表7-6的结果对比中可以看出，在公司CEO文化特质与公司所在地文化特质相同的一组，各模型中文化维度的未来导向和集体主义两个变量的回归系数均是显著为正的，而在公司CEO文化特质与公司所在地文化特质不相同的一组，各模型中文化维度的未来导向和集体主义两个变量的回归系数均在统计上不显著。这一结果表明公司高管对企业现金持有决策有着重要影响，当CEO文化特质与区域文化相冲突时，CEO的文化特质起主导作用，对公司现金持有水平决策的影响更为重要，此时区域文化特征对现金持有水平的影响不再显著，这一结果支持了假设7.3。

表7-5　管理者特质对区域文化与企业现金持有量关系的影响——文化相同组

	（1）	（2）	（3）	（4）	（5）	（6）
	因变量=Cashholding1			因变量=Cashholding2		
FO	0.159***		0.150***	0.396***		0.379***
	（0.000）		（0.000）	（0.000）		（0.000）
IC		0.092***	0.075**		0.189**	0.146*
		（0.009）	（0.032）		（0.021）	（0.077）
Size	0.022***	0.022***	0.022***	0.043***	0.044***	0.043***
	（0.000）	（0.000）	（0.000）	（0.000）	（0.000）	（0.000）
Profit	0.016	0.002	0.016	−0.260	−0.296*	−0.261
	（0.826）	（0.978）	（0.833）	（0.126）	（0.082）	（0.125）
Nwc	−0.180***	−0.179***	−0.182***	−0.609***	−0.605***	−0.614***
	（0.000）	（0.000）	（0.000）	（0.000）	（0.000）	（0.000）
Growth	0.011	0.012	0.010	0.019	0.021	0.018
	（0.215）	（0.179）	（0.220）	（0.339）	（0.275）	（0.344）

续表

	（1）	（2）	（3）	（4）	（5）	（6）
	\multicolumn{3}{}{因变量=Cashholding1}			因变量=Cashholding2		
Capex	-0.404***	-0.404***	-0.411***	-1.126***	-1.122***	-1.138***
	(0.000)	(0.000)	(0.000)	(0.000)	(0.000)	(0.000)
Lev	-0.480***	-0.480***	-0.480***	-1.228***	-1.227***	-1.227***
	(0.000)	(0.000)	(0.000)	(0.000)	(0.000)	(0.000)
GDP	0.013	0.015	0.017*	0.054**	0.055**	0.061***
	(0.152)	(0.111)	(0.067)	(0.018)	(0.014)	(0.007)
Constant	-0.870***	-0.647***	-1.221***	-2.233***	-1.462***	-2.916***
	(0.000)	(0.002)	(0.000)	(0.000)	(0.003)	(0.000)
Obs.	1 606	1 606	1 606	1 606	1 606	1 606
Adj. R^2	0.432	0.428	0.433	0.403	0.398	0.404

说明：***、**、*分别表示该变量估计系数在1%、5%、10%水平上显著，括号内为p值。

表7-6　管理者特质对区域文化与企业现金持有量关系的影响——文化不同组

	（1）	（2）	（3）	（4）	（5）	（6）
	因变量=Cashholding1			因变量=Cashholding2		
FO	0.059		0.036	0.124		0.100
	(0.181)		(0.431)	(0.241)		(0.350)
IC		0.086	0.074		0.112	0.077
		(0.189)	(0.105)		(0.225)	(0.402)
Size	0.016***	0.016***	0.016***	0.031***	0.032***	0.031***
	(0.000)	(0.000)	(0.000)	(0.000)	(0.000)	(0.000)
Profit	-0.227**	-0.229*	-0.230**	-0.498**	-0.499**	-0.502**
	(0.012)	(0.057)	(0.011)	(0.027)	(0.027)	(0.026)
Nwc	-0.190***	-0.194***	-0.194***	-0.527***	-0.530***	-0.531***
	(0.000)	(0.000)	(0.000)	(0.000)	(0.000)	(0.000)
Growth	0.007	0.007	0.006	0.007	0.008	0.007
	(0.366)	(0.345)	(0.385)	(0.609)	(0.584)	(0.623)
Capex	-0.166**	-0.165*	-0.167**	-0.496***	-0.493***	-0.497***
	(0.019)	(0.092)	(0.019)	(0.002)	(0.002)	(0.002)
Lev	-0.472***	-0.478***	-0.478***	-1.064***	-1.070***	-1.070***
	(0.000)	(0.000)	(0.000)	(0.000)	(0.000)	(0.000)
GDP	-0.022*	-0.014	-0.016	-0.070**	-0.058*	-0.064**
	(0.059)	(0.392)	(0.158)	(0.025)	(0.053)	(0.038)
Constant	0.069	-0.188	-0.254	0.329	0.178	-0.006
	(0.739)	(0.626)	(0.360)	(0.512)	(0.746)	(0.993)
Obs.	902	902	902	902	902	902
Adj. R^2	0.441	0.442	0.441	0.402	0.401	0.401

说明：***、**、*分别表示该变量估计系数在1%、5%、10%水平上显著，括号内为p值。

7.4.3　稳健性检验

由于行业的特性和差异性，不同行业的上市公司现金持有水平会存在差异，为了剔除行业性质对企业现金持有水平的影响，我们利用经行业调整的现金持有量来衡量企业现金持有水平，以此来检验上述结果的稳健程度。利用这一指标得出的结论与上述检验结果一致，表明我们的结论是稳健的。出于节省空间的目的，这里并未列示稳健性检验结果。

7.5　本章小结

本章从企业现金持有水平的角度探讨了区域文化对企业行为的影响，并在此基础上研究了高管个人文化特质对上述二者之间关系的影响。研究结果表明，文化维度中的未来导向和集体主义对企业现金持有量有显著的正向影响。具体表现为，一个地区的文化越倡导未来导向，为了保证未来生产经营的顺利进行和预防未来投资对现金的需要，该地区的上市公司越愿意持有更多的现金；同时一个地区的文化越强调集体主义，公司对风险的接受程度越低，在决策中也更容易受到其他企业影响，因此，该地区的上市公司越愿意持有更多的现金。在此基础上，我们进一步探讨了企业高管个人文化特质对区域文化和公司现金持有水平之间关系的影响。结果发现，当公司CEO个人的文化特质与区域文化相同时，区域文化对企业现金持有决策有着显著的影响，而当公司CEO个人文化特质与区域文化不同时，区域文化对企业现金持有决策不再具有显著的影响。这一结果说明公司CEO在企业现金持有决策中起着重要的作用，当其文化特质与区域文化特征相冲突时，CEO个人的文化特质对企业现金持有决策起着更为重要的影响。

本章进一步验证了区域文化对企业决策的影响，从文化的视角探讨了企业高管个人特质对公司决策的作用。结果表明区域文化是影响企业行为的一个重要因素，本章结果进一步证实了非正式制度对企业行为的影响，同时验证了高管个人特质对企业决策的影响，丰富了相关文献。

8 区域文化、管理者特质与企业创新效率

8.1 问题的提出

改革开放以来，我国经济持续发展，与发达国家的差距逐渐缩小，最终成为世界第二大经济体。然而，这种高速的增长主要依托劳动力和资源环境的低成本优势，形成了粗放的经济增长模式。目前，这种粗放的经济增长模式所积累的矛盾已经逐渐凸显，成为制约我国经济持续增长的关键因素。因此，加快经济结构转型和产业升级是我国经济发展的必由之路。加快经济结构转型和产业升级需要将经济发展动力从传统要素驱动转向创新驱动。党的十八大指出"必须将科技创新摆在国家发展全局的核心位置"，这表明党中央已经将创新提高到国家战略的高度。

一个国家中各个创新主体的创新活动和效率汇总成为国家整体的创新活动和效率，因此，各个创新主体如企业、高校、科研机构和个人的创新活动和效率对提高国家整体的创新效率至关重要。企业是创新的重要主体，企业的创新活动有利于企业提升竞争力，同时有助于加快新技

术在整个社会范围内的推广和应用，进而促进整个社会的创新。那么，企业的创新活动受到哪些影响？怎样提高企业的创新效率？对这些问题的回答有利于促进企业创新，进而促进社会整体创新。

企业的创新活动面临着内部和外部环境的共同影响和制约。一些学者从企业面临的内部环境的角度考察了企业规模、公司治理等因素对创新效率的影响。Chen 等（2004）研究发现企业规模与创新效率正向相关，规模越大，企业可以利用的创新资源越多，其创新效率也越高。而Pavitt（1987）则发现企业规模对创新效率的影响并非线性的。鲁桐和党印（2014）研究发现，公司股权结构对企业创新投入具有重要影响，具体表现为：公司第二至第十大股东持股比例、基金持股比例以及董监高持股比例对企业研发投入具有正向影响，表明公司股权集中度越高，高管和机构投资人持股比例越高，企业越愿意进行研发投入。Aghion 等（2013）也证实了机构投资者持股比例对企业创新活动的正向促进作用。Balsmeier 等（2016）发现董事会的独立性越强，企业的创新效率越高。Manso（2011）、Hellmann 和 Thiele（2011）从激励合同的设计角度探讨了公司治理对企业创新的影响，结果发现，基于业绩的薪酬激励合同不利于企业创新。

另外一些文献探讨了公司面临的外部环境对创新效率的影响。熊彼特（1912）指出行业垄断有利于企业进行创新，市场竞争程度越低，企业创新效率越高。而朱有为和徐康宁（2006）的研究得出相反的结论，发现市场竞争有利于企业创新，竞争程度越高，企业创新投入越多。张杰、郑文平和翟福昕（2014）的研究指出，在中国情境下，竞争可以促进中国企业的创新研发活动，并且竞争只对民营企业创新研发活动产生激励效应，而对国有企业和外资企业均未产生激励效应。董晓庆、赵坚和袁朋伟（2014）指出增加市场竞争程度可以提高国有企业创新效率。结合中国实际，一些学者探讨了政府干预对企业创新的影响。肖文和林高榜（2014）指出，由于政府不参与企业经营与管理，对企业实际情况掌握有限，因此对企业研发的支持可能与实际脱节。另外，政府对企业创新的支持往往着眼于长期的国家整体创新能力的提高，是为了实现政府长期的创新目标，而企业创新的动力往往源于短期目标，两种目标的冲突可能不利于企业创新能力的提升。白俊洪和蒋伏心（2015）的研究则发现政府对企业科技创新的资助可以显著地提高区域创新效率，但是金融机构对企业创新的资助显著地降低了区域创新效率。

上述研究从多个角度探讨了企业创新的影响因素，但是没有研究探索非正式制度对企业创新的影响的。非正式制度对经济活动的影响具有重要作用，对正式制度的建立和实施具有重要影响。文化是非正式制度的一个重要方面，奠定了人们的价值观、信念及行为准则的基础。现有文献表明我国的创新投入及创新效率存在明显的地域差异（谢伟等，2008；赵增耀等，2015）。什么因素导致了这种地域差异的存在？文化作为地域差异的一个重要方面，是否会对地区创新活动和创新效率产生影响？现有研究并未对这些问题进行探讨，本书试图探析区域文化差异对地区创新效率的影响以期对上述问题进行回答并拓展该领域的研究。

8.2 制度背景、理论分析与研究假设

8.2.1 制度背景

改革开放后，经过30多年的发展，我国成为世界第二大经济体。但是经济的发展过度依赖低成本、大市场容量和政府推动（Wu等，2009；Kim，1997；Wu等，2010），制约了我国经济的平稳持续增长。现阶段，我国处于新兴加转轨时期，为了加快经济结构转型和产业结构升级，从低附加值向高附加值升级，从高能耗高污染向低能耗低污染升级，从粗放型向集约型升级，亟需将经济发展动力从传统要素驱动转向创新驱动。

企业是创新的重要主体，企业创新效率的提高不仅可以提高企业的竞争能力（Porter，1992），同时是引领经济增长的重要因素（Solow，1957）。创新有助于企业在竞争中保持优势，促进企业长期发展（Acharya和Xu，2016）。我国企业的创新活动经历了从技术引进、二次创新到自主创新的过程。改革开放初期，我国企业主要依靠技术引进，创新活动较少。改革开放中期，在技术引进的基础上进行二次创新（吴

晓波等，2009）。而近年来，我国企业对创新的重视程度越来越高，企业自主创新水平不断提升。中国企业家成长与发展专题调查报告2015指出，近年来我国企业创新投入和创新产出都在不断增加，企业自主研发能力得到迅速提升。

我国的创新活动存在着明显的地理集聚现象，各地区高新技术产业的研发效率存在显著差异，研发效率呈现东部、西部和中部逐渐递减的趋势（谢伟等，2008）。赵增耀、章晓波和沈能（2015）也发现我国企业的创新效率表现出空间依赖性，具有明显的地理空间的集群特征，不同地区的创新效率存在较大的差异，总体上呈现东部、东北、中部和西部地区的依次递减的趋势。

8.2.2 理论分析与研究假设

企业创新的集群现象背后必然有着影响机制。李琳和韩宝龙（2011）指出由相似的经验、共同的语言和共同的知识技术基础形成了认知相似性，而相似的认知方法和沟通手段对集群创新绩效具有正向影响。文化是同一个社会群体中人们共享的价值观、信念和准则，同时文化具有稳定性和继承性，可以从一代人传到下一代人。文化奠定了一个社会中人们的价值观、信念和行为规范的基础，对人们的认知具有重要的影响。因此，相似的认知在很大程度上源自相同的文化。因此，文化可以对创新效率的地域差异产生影响。

创新是指以现有的思维模式提出有别于常规或常人思路的见解为导向，利用现有的知识和物质，在特定的环境中，本着理想化需要或为满足社会需求，而改进或创造新的事物、方法、元素、路径、环境，并能获得一定有益效果的行为。企业创新的活动具有周期长、风险性高的特点。创新活动涉及许多相关环节和众多影响因素，从而使得创新的结果呈现出不确定性。企业创新的初期阶段需要投入大量的人力、物力和财力，但是由于创新活动本身具有很大的不确定性，因此，这些投入是否能得到回报存在很大的不确定性。这些不确定性包括来自市场、社会和政策等方面的不确定性。另外，企业创新活动的周期往往较长，这将增大企业创新活动的风险，如果企业的创新活动成功，那么企业需要在很久以后的未来获得收益，短期内公司的绩效可能受到一定影响。如果一个地区的文化更强调对未来的关注，企业在进行决策时会更加着眼于未来，因此也能够承受企业创新的较长周期，因此该地区企业的创新效率可能更高。相反，如果一个地区的文化比较关注当下而不强调对未来的关注，那么企业在进行决策时会更加注重短期目标和短期效益，对周期较长的创新活动的重视会比较低，因而该地区内企业的创新效率会比较低。据此，我们提出研究假设8.1。

假设8.1 地区文化的未来导向维度对辖区内企业的创新效率具有正向的促进作用

企业管理者特质对企业决策具有重要影响（Hambrick和Manson，1984；Bertrand和Schoar，2003）。当企业CEO的文化特质与企业所在地文化一致时，两种文化合二为一，一致的文化偏好降低了企业决策过程中的文化冲突，使得区域文化对企业创新效率产生显著影响。而当CEO身上承载的文化与公司所在区域文化不一致时，CEO的文化偏好可能与区域文化偏好产生冲突，CEO更愿意参照自己的文化规范来进行决策，进而削弱了区域文化对企业决策的影响，此时区域文化对企业创新效率的影响将不再显著。据此，我们提出研究假设8.2。

假设8.2 当CEO文化特质与地区文化相同时，区域文化对企业创新效率的影响效应更强

8.3　研究设计

8.3.1　样本选择与数据来源

（1）样本选择

本章以我国2010—2014年沪深两市A股上市公司为初始样本，并按照以下标准对样本进行筛选：①由于金融行业创新活动和经营活动的特殊性，剔除金融行业样本；②剔除主要研究变量观测值缺失的样本。进一步，为了消除极端值对本章结果的影响，对所有连续型变量在1%和99%水平上进行Winsorize处理。本章以企业专利申请数量作为创新

产出和创新效率的代理变量，并非所有的企业都有专利申请，因此，我们的样本数量较小。进一步，为了检验企业高管文化特质对区域文化与企业创新效率关系的协调作用，我们需要搜集企业高管的文化背景数据。本章使用上市公司CEO的祖籍地文化作为CEO文化特质的衡量，在我国，证券监管部门并未对此类信息进行强制性披露要求。由于上市公司CEO祖籍地信息是企业自愿披露的，很多上市公司未对此进行公开披露。披露此类信息的上市公司比例较低，使得我们的最终样本量变小。最终，得到了1 182个公司–年度观测。

（2）数据来源

本章利用上市公司专利申请数量作为公司创新效率的代理变量，该数据来自国泰安CSMAR数据库。利用这一数据来衡量企业的创新效率是合理的，这是因为企业创新活动的风险较高，创新活动具有周期长、阶段多、人力资本密集和差异性大的特点，企业进行专利申请表明创新活动已经形成了产出，成功的可能性较大。因此，企业专利申请数越多，表明企业的创新效率越高。

为了衡量我国各地区的文化差异，本章借鉴了赵向阳等（2015）的研究成果。赵向阳等（2015）以大学一年级新生作为调查对象，研究来自不同地区的大学生的文化差异，进而用大学一年级新生的文化价值观代表其所在地区的文化价值观。之所以将样本选定为大学一年级新生是因为大学新生来自祖国各地，具有地区差异性，同时刚入学的大学新生还没有受到其他更多文化的熏染，仍然带着强烈的自己家乡的文化价值观。在赵向阳等（2015）的研究中，样本有来自"985""211"高校的新生，也有来自地方性院校的大学生。作者采用了GLOBE研究的文化习俗问卷，要求参与调查的学生回答问卷问题。进一步，根据GLOBE研究的指导手册，作者将问卷中个体层次上的得分，整合到省份层次上，得到了31个省份的数据。

赵向阳等（2015）的研究利用调查问卷的方式分别利用GLOBE和Schwartz两种研究方法计算了中国各省、自治区和直辖市的文化得分，本部分中我们将采用利用GLOBE调查问卷计算出的文化分值。之所以选择GLOBE文化得分，是基于以下两个方面的考虑：首先，GLOBE研究是跨文化研究中的最新进展，基本上囊括了前人的主要研究成果；其次，GLOBE 指标的文化价值观是与工作和管理相关的文化价值观，本章主要研究的问题是区域文化对企业行为的影响，因而采用与工作和管理相关的文化价值观更加契合我们的研究目标。我国各地区文化维度具体得分情况见表6-1。

本书财务数据来自国泰安 CSMAR 数据库，公司 CEO 资料在 CSMAR 数据库中的人物特征综合资料的基础上，对不明确的数据进行手工搜集整理。

8.3.2 变量定义

（1）企业创新效率

本章使用企业专利申请数量作为企业创新效率的代理变量。企业专利申请数量共包括三个指标，分别是企业专利申请总数、企业发明专利申请数量和企业非发明专利申请数量。专利具体包括发明专利、实用新型专利和外观设计专利三种，企业专利申请总数是这三种专利的总和。企业发明专利申请数量是指企业当年申请的发明专利的数量，企业非发明专利申请数量指企业当年申请的实用新型专利和外观设计专利的总和。发明是指对产品、方法或者其改进所提出的新的技术方案，实用新型是指对产品的形状、结构或者其结合所提出的适于使用的新的技术方案，而外观设计是指对产品的形状、图案或者其结合以及色彩及形状、图案的结合所做出的富有美感并适于工业应用的新设计。企业的发明专利对提高企业竞争力、促进企业发展更为重要，是更加实质性的创新活动，体现了企业创新的质量。

（2）区域文化

本部分主要考察区域文化中的未来导向维度对企业创新效率的影响。各地区文化中的未来导向数据参考赵向阳等（2015）的研究，具体见表6-1。FO 取值越大，表明该地区文化更加着眼于未来，社会越鼓励成员对未来进行规划。为了考察公司高管的个人文化特质对区域文化与企业创新效率关系的影响，而我们需要衡量上市公司 CEO 的文化起源。本章采用公司 CEO 祖籍地的文化来衡量 CEO 的文化特质，当 CEO

祖籍地与公司所在地一致时，表明 CEO 个人的文化特质与公司所在地区文化特质相一致；否则表明 CEO 个人文化特质与公司所在地区文化特质具有冲突。之所以选择祖籍地的文化来衡量企业 CEO 的文化特质，主要考虑到样本容量的问题，由于上市公司 CEO 的祖籍地和出生地等信息是非强制性披露的信息，因此上市公司对这些信息的披露有限，只有少量的公司公开地披露这些信息，导致了样本规模比较小。相较之下，披露上市公司 CEO 祖籍地信息的公司更多一些，为了增加样本量，我们选择以 CEO 的祖籍地文化作为 CEO 个人文化特质的替代变量。这种选择并不会损害本书研究的可信性，主要原因如下：一是文化具有稳定性，可以不变地从一代人传到下一代人身上，因此，上市公司 CEO 传承了其祖辈的文化；二是现阶段我国上市公司 CEO 的年龄普遍较高，由于经济和人口流动等原因，他们的祖籍地通常与出生地一致。

（3）控制变量

参照以往关于企业创新效率的研究，本章的主要控制变量包括固定资产比例、公司股票年回报率、营业收入增长率、Tobin'Q、总资产净利润率、资产负债率、现金持有量和机构持股比例，同时为了控制地区经济发展水平对本章结果的影响，我们控制了各地区人均 GDP 水平。本章主要变量定义及说明见表 8-1。

8.3.3 研究模型

为了对本章的研究假设进行检验，我们构建了模型（8-1）来检验区域文化对企业创新效率的影响。进一步为了实证检验管理者文化特质对区域文化和企业创新效率的关系的影响，我们将所有样本分为两组：一组包括 CEO 文化特质与公司所在地区的文化一致的上市公司；另一组为 CEO 文化特质与公司所在地区的文化不一致的上市公司，进一步我们利用模型（8-1）对两组样本分别进行回归：

$$\text{Innovation}_{i,t} = \alpha_0 + \alpha_1\text{Culture}_{i,t} + \alpha_2\text{PPE}_{i,t} + \alpha_3\text{Return}_{i,t} + \alpha_4\text{Growth}_{i,t}$$
$$+ \alpha_5\text{ROA}_{i,t} + \alpha_6\text{Tobin'Q}_{i,t} + \alpha_7\text{Lev}_{i,t} + \alpha_8\text{Cash}_{i,t} + \alpha_9\text{Iholding}_{i,t}$$
$$+ \sum \text{Yeardummy} + \sum \text{Industrydummy} + \varepsilon_{i,t}$$

$$(8-1)$$

表8-1   主要变量定义及说明

变量名称	变量说明
Patent	公司当年专利申请总数，Patent=Ln（1+发明专利申请数量+实用新型专利申请数量+外观设计专利申请数量）
Invention	公司当年发明专利申请数量，Invention=Ln（1+发明专利申请数量）
Noninvention	公司当年非发明专利申请数量，Noninvention=Ln（1+实用新型专利申请数量+外观设计专利申请数量）
FO	文化维度中的未来导向维度，具体值见表6-1
PPE	固定资产比例，用公司期末固定资产净额与总资产的比重来衡量
Return	公司股票年回报率，用公司当年股票回报率来衡量
Growth	营业收入增长率，用公司本期营业收入金额与上期营业收入的差额与上期营业收入的比值来衡量
ROA	总资产净利润率，用公司当期净利润与期末总资产平均余额的比值来衡量，其中总资产平均余额等于期末资产合计与期初资产合计的均值
Tobin'Q	托宾Q值，Tobin'Q=市值÷（资产总计−无形资产净额−商誉净额）
Lev	资产负债率，用公司期末负债与总资产的比值来衡量
Cash	现金持有量，用公司期末现金及现金等价物与资产期末余额的比值来衡量
Iholding	机构持股比例，用公司机构投资者持有的股份比例来衡量

8.3.4 描述性统计

表8-2对我国各省、自治区和直辖市上市公司的创新效率以及文化维度中的未来导向得分进行了描述。从表8-2可以看出我国各省、自治区和直辖市境内的上市公司创新效率存在较大的差异。首先，从专利申请总数来看，陕西省的Patent值最小，为1.935，表明陕西省境内的上市公司整体上创新效率比较低；而内蒙古自治区的Patent值最大，为4.649，比最小值多一倍，表明内蒙古自治区境内的上市公司整体上创新效率比较高。其次，从发明专利申请数量来看，效率最低的为取值0.828的青海省，说明青海省的上市公司整体上创新效率比较低，效率

最高的是内蒙古自治区，其值为3.744，二者相差近4倍。最后从非发明专利申请数量来看，Noninvention最小值是1.069，所属地区为天津市，Noninvention最大值为4.088，比最小值大3倍左右，所属地区为内蒙古自治区。上述分地区统计结果说明我国上市公司存在较大的地区差异。从表8-2中还可以看出，文化的未来导向维度FO最小值为四川省的4.04，而最大值为湖南省的4.39，存在地区差异。

表8-2　　各省、自治区和直辖市上市公司创新效率及文化特质

地　区	Patent	Invention	Noninvention	FO
安　徽	3.068	1.964	2.574	4.32
北　京	3.196	2.516	2.261	4.17
福　建	2.633	1.701	1.936	4.24
甘　肃	2.714	1.570	2.219	4.20
广　东	3.364	2.288	2.759	4.37
广　西	3.207	2.488	2.320	4.35
贵　州	2.827	1.864	1.784	4.23
海　南	2.036	1.528	1.290	4.21
河　北	2.625	1.401	2.299	4.22
河　南	3.190	1.871	2.718	4.23
黑龙江	3.524	2.492	3.082	4.22
湖　北	2.531	1.783	1.736	4.21
湖　南	3.764	2.388	3.232	4.39
吉　林	2.098	1.519	1.428	4.26
江　苏	2.956	1.930	2.312	4.17
江　西	2.066	1.510	1.217	4.34
辽　宁	3.032	2.376	1.742	4.17
内蒙古	4.649	3.744	4.088	4.09
宁　夏	2.439	1.269	2.155	4.37
青　海	1.965	0.828	1.731	4.12
山　东	3.454	2.581	2.644	4.25
山　西	2.251	1.156	1.709	4.25
陕　西	1.935	1.133	1.242	4.07
上　海	2.960	2.050	2.266	4.26
四　川	3.425	2.370	2.805	4.04
天　津	2.543	1.474	1.069	4.22
新　疆	2.157	1.512	1.545	4.23
云　南	2.421	1.599	1.567	4.11
浙　江	2.856	1.964	1.998	4.23
重　庆	3.745	2.521	3.305	4.20

表8-3是本章主要变量的描述性统计结果。从表8-3可以看出，从全样本来看，Patent的均值为3.051，最小值与最大值分别为1.099和7.307，Invention的均值为2.080，而最小值与最大值分别为0和6.335，Noninvention的均值为2.347，最小值和最大值分别为0和6.612。FO的均值为4.243，最小值和最大值分别为4.04和4.39。Iholding的均值为0.066，说明我国上市公司机构持股比例的均值为6.6%。

表8-3 主要变量描述性统计结果

变量名称	样本数	均值	标准差	最小值	中位数	最大值
Patent	1 182	3.051	1.383	1.099	2.773	7.307
Invention	1 182	2.080	1.426	0	1.946	6.335
Noninvention	1 182	2.347	1.609	0	2.250	6.612
FO	1 182	4.243	0.084	4.04	4.23	4.39
PPE	1 182	0.223	0.141	0.012	0.19	0.657
Return	1 182	0.133	0.447	−0.567	0.063	1.701
Growth	1 182	0.18	0.277	−0.357	0.146	1.347
ROA	1 182	0.053	0.052	−0.088	0.047	0.246
Tobin'Q	1 182	2.485	1.511	0.908	2.029	8.844
Lev	1 182	0.409	0.205	0.05	0.402	0.855
Cash	1 182	0.192	0.143	0.008	0.158	0.649
Iholding	1 182	0.066	0.09	0	0.042	0.547
GDP	1 182	10.840	0.395	9.883	10.898	11.513

8.4 回归结果及说明

8.4.1 区域文化对企业创新效率的影响

为了检验区域文化对我国上市公司创新效率的影响，我们利用模型（8-1）对研究假设8.1进行检验，回归结果见表8-4。从表8-4的第二列可以看出FO的系数为1.470并且在1%的显著性水平上显著，说明文化维度的未来导向对企业专利申请总数具有正向的促进作用。从表8-4的第三列可以看出FO的系数为0.841并且在10%的显著性水平上显著，说明文化维度的未来导向对企业发明专利申请数量具有正向的促进作用。从表8-4的第四列可以看出FO的系数为1.969并且在1%的显著性水平上显著，说明文化维度的未来导向对企业非发明专利申请数量具有正向的促进作用。上述结果验证了我们的假设8.1，说明如果一个地区的文化更强调对未来的关注，企业在进行决策时会更加着眼于未来，因此也能够承受企业创新的较长周期，因此该地区企业的创新效率可能更高。相反，如果一个地区的文化比较关注当下而不强调对未来的关注，那么企业在进行决策时会更加注重短期目标和短期效益，对周期较长的创新活动的重视会比较低，因而该地区内企业的创新效率会比较低。

表8-4   区域文化对上市公司创新效率的影响

变量名称	因变量=Ln（1+ Patent）	因变量=Ln（1+ Invention）	因变量=Ln（1+ Noninvention）
FO	1.470***	0.841*	1.969***
	（0.002）	（0.079）	（0.000）
PPE	−0.524	0.025	−0.880**
	（0.103）	（0.941）	（0.018）
Return	0.145	0.177	0.236*
	（0.217）	（0.145）	（0.083）
Growth	−0.228	−0.114	−0.337*
	（0.134）	（0.470）	（0.056）
ROA	7.336***	8.037***	6.001***
	（0.000）	（0.000）	（0.000）
Tobin'Q	−0.113***	−0.125***	−0.122***
	（0.002）	（0.001）	（0.004）
Lev	2.407***	2.525***	2.494***
	（0.000）	（0.000）	（0.000）
Cash	0.315	0.420	0.467
	（0.378）	（0.256）	（0.259）
Iholding	−0.792*	−0.893**	−0.780
	（0.069）	（0.047）	（0.122）
GDP	0.261**	0.402***	0.125
	（0.012）	（0.000）	（0.299）
Constant	−8.079***	−8.440***	−9.025***
	（0.001）	（0.001）	（0.001）
Obs.	1 182	1 182	1 182
Adjusted R²	0.147	0.141	0.153

说明：***、**、*分别表示该变量估计系数在1%、5%、10%水平上显著，括号内为p值。

8.4.2 管理者文化特质对区域文化与企业创新效率关系的影响

为了进一步验证企业高管个人文化特质对企业创新效率的影响，我们利用模型（8-1）对所有样本进行分组检验：一组为CEO的文化特质与公司所在地区的文化一致的上市公司；另一组为CEO文化特质与公司所在地区的文化不一致的上市公司，回归结果见表8-5。从表8-5中可以看出，当公司CEO的文化特质与企业所在地文化特征相一致时，文化维度中的未来导向系数均为正数，并且至少在10%的显著性水平上显著，表明此时区域文化对企业创新效率是有正向影响的。当公司CEO的文化特质与企业所在地的文化特征不一致时，区域文化的未来导向维度在模型（1）和（2）中均在统计上不显著，FO的系数只有在模型（3）中在10%的显著性水平上显著。这说明当企业CEO的文化特质与企业所在地文化一致时，两种文化合二为一，一致的文化偏好降低了企业决策过程中的文化冲突，使得区域文化对企业创新效率产生显著影响。而当CEO身上承载的文化与公司所在区域文化不一致时，CEO的文化偏好可能与区域文化偏好产生冲突，CEO更愿意参照自己的文化规范来进行决策，进而削弱区域文化对企业决策的影响，此时区域文化对企业创新效率的影响将不再显著。由于企业的非发明专利的创新程度有限，对企业的影响也比较有限，因此，CEO决策对其影响比较小，所以当CEO文化特质与区域文化特征发生冲突时，区域文化仍然对其产生影响。综上，企业高管是企业决策的重要因素，对企业决策具有十分重要的影响。

表8-5 公司高管文化特质对区域文化与公司创新效率的影响

变量名称	Character=1			Character=0		
	（1）	（2）	（3）	（1）	（2）	（3）
FO	1.783***	1.046*	2.103***	0.954	0.710	1.636*
	(0.001)	(0.057)	(0.001)	(0.273)	(0.417)	(0.083)
PPE	−0.749**	−0.072	−1.079**	0.957	1.100	0.578
	(0.030)	(0.841)	(0.010)	(0.167)	(0.114)	(0.441)
Return	−0.115	−0.056	−0.020	0.564**	0.554**	0.673***
	(0.377)	(0.679)	(0.901)	(0.016)	(0.018)	(0.008)

续表

变量名称	Character=1			Character=0		
	(1)	(2)	(3)	(1)	(2)	(3)
Growth	−0.281*	−0.200	−0.389*	−0.424	−0.277	−0.541*
	(0.099)	(0.260)	(0.061)	(0.151)	(0.350)	(0.091)
ROA	6.187***	7.288***	4.595***	12.498***	13.102***	11.411***
	(0.000)	(0.000)	(0.000)	(0.000)	(0.000)	(0.000)
Tobin'Q	−0.060	−0.096**	−0.043	−0.211***	−0.163**	−0.286***
	(0.127)	(0.020)	(0.373)	(0.008)	(0.043)	(0.001)
Lev	1.878***	2.067***	2.004***	3.709***	3.705***	3.568***
	(0.000)	(0.000)	(0.000)	(0.000)	(0.000)	(0.000)
Cash	0.349	0.475	0.568	0.677	0.625	0.666
	(0.366)	(0.239)	(0.228)	(0.381)	(0.421)	(0.426)
Iholding	−0.441	−0.006	−0.820	−2.263***	−3.039***	−1.975**
	(0.415)	(0.992)	(0.215)	(0.002)	(0.000)	(0.013)
GDP	0.359***	0.529***	0.173	−0.019	0.025	−0.077
	(0.003)	(0.000)	(0.245)	(0.922)	(0.898)	(0.716)
Constant	−10.277***	−10.172***	−10.260***	−3.835	−5.277	−5.591
	(0.000)	(0.000)	(0.002)	(0.374)	(0.224)	(0.232)
Obs.	828	828	828	354	354	354
Adjusted R^2	0.118	0.118	0.115	0.257	0.250	0.271

说明：***、**、*分别表示该变量估计系数在1%、5%、10%水平上显著，括号内为p值。

8.5 本章小结

本章探讨了区域文化对企业创新效率的影响，结果表明区域文化中的未来导向维度对企业创新效率具有显著的正向影响。如果一个地区的文化更强调对未来的关注，企业在进行决策时会更加着眼于未来，因此也能够承受企业创新的较长周期，因此该地区企业的创新效率可能更高。相反，如果一个地区的文化比较关注当下而不强调对未来的关注，那么企业在进行决策时会更加注重短期目标和短期效益，对周期较长的创新活动的重视程度会比较低，因而该地区内企业的创新效率会比较低。进一步，我们探讨了企业高管个人的文化特质对区域文化与企业创新效率之间关系的影响。结果发现，当企业 CEO 的文化特质与企业所在地文化一致时，两种文化合二为一，一致的文化偏好降低了企业决策过程中的文化冲突，使得区域文化对企业创新效率产生显著影响。而当 CEO 身上承载的文化与公司所在区域文化不一致时，CEO 的文化偏好可能与区域文化偏好产生冲突，CEO 更愿意参照自己的文化规范来进行决策，进而削弱区域文化对企业决策的影响，此时区域文化对企业创新效率的影响不再显著。

本章研究从文化这一非正式制度的视角出发，考察了企业创新效率的影响因素，丰富了现有关于区域创新效率差异的影响因素的研究。同时，本书进一步证实了管理者个人特质对企业决策的重要作用，拓展了相关研究。

9 区域文化、管理者特质与企业社会责任

9.1 问题的提出

早期的经济学理论认为企业只需要向股东负责，因此股东利润最大化是企业追求的唯一目标。随着经济和社会的发展，理论界和实务界对企业责任的认识也不断深化，认为企业不仅应当对股东负责还应当承担社会责任。企业社会责任的概念最早起源于西方发达国家，Carroll（1999）指出企业社会责任是基于企业利益相关者、商业伦理、企业社会绩效和企业公民等概念组合的一个概念。McWilliams和Siegel（2001）将企业社会责任定义如下：企业活动会对环境、消费者、员工和社区等产生影响，企业对这些影响承担责任的一系列决策称为企业社会责任。近些来年，企业社会责任的承担在中国也受到各方面群体越来越多的关注。2008年12月，上海证券交易所和深圳证券交易所分别发出通知，要求符合条件的上市公司披露企业社会责任报告，此后，上市公司披露社会责任报告的数量和质量都在不断提高。2008年汶川地震发生后，

在抗震救灾的募捐晚会上，凉茶品牌王老吉一亿元的巨额救灾捐款成为当时国内单笔最高捐款。这一行为为王老吉带来了巨大的广告效应，当晚，其官方网站几乎被网友"挤摊"，之后，王老吉的销售量创纪录地达到了120亿元。这一现象引起社会各界对企业社会责任的关注。

现有研究考察了企业社会责任承担的经济后果及动因。Lev、Petrovits和Radhakrishnan（2010）发现社会责任感强的公司更能吸引那些重视社会责任的消费者，因此企业承担社会责任有助于提高销售业绩。Dhaliwal、Oliver、Tsang和Yang（2011）的研究表明企业乐于承担社会责任可以降低被诉讼的可能性，同时社会责任的承担还可以帮助企业规避过多的政府管制。Kim、Park和Wier（2012）从会计信息质量的角度出发，考察了企业社会责任承担的后果，结果发现社会责任感强的公司，其财务报告质量更高。刘华、魏娟和巫丽兰（2016）的研究也发现强制性的企业社会责任报告披露有助于提高企业会计信息质量，企业社会责任报告的披露有利于抑制企业盈余管理。还有一些研究探讨了企业社会责任的承担对融资行为的影响。李姝、赵颖和童婧（2013）发现中国上市公司社会责任报告的披露有助于降低企业的权益资本成本。而权小锋、吴世农和尹洪英（2015）则发现上市公司履行社会责任的同时加剧了股价的崩盘风险，说明我国上市公司推行企业社会责任体现了"工具特征"而非"创值特征"。

Mcguire等（2012）检验了宗教信仰对企业社会责任报告评分的影响，结果发现企业总部所在地区的宗教影响越强烈，企业社会责任报告的评分越低。同时作者考察了机构投资者的影响，结果发现机构投资者持股比例的提高会弱化宗教信仰对企业社会责任报告评分的影响，说明机构投资者是影响企业社会责任报告评价的一个重要因素，对企业社会责任有着正向影响。王海妹、吕晓静和林晚发（2014）利用中国数据检验了外资参股、高管持股和机构持股对企业社会责任的影响，结果也发现机构持股对企业承担社会责任有着显著的正向影响，同时外资参股也对企业社会责任的承担产生促进作用，而高管持股则对企业承担社会责任有着显著的负向影响。周中胜、何德旭和李正（2012）从我国特殊的制度环境出发，探讨了企业社会责任履行的影响因素，结果发现政府对经济的干预程度对企业社会责任的履行具有显著的负向影响，政府对经济的干预程度越低，企业社会责任的履行状况越好；法律环境的完善及要素市场的发达程度对企业社会责任的履行具有显著的正向影响，法律环境越完善，要素市场越发达，企业社会责任的履行状况越好。

企业社会责任的履行受到各个方面利益相关者的影响，企业的投资者、消费者和政府机构等对企业承担社会责任的期望将直接影响着企业社会责任的承担。Schwartz（2008）指出一个地区的文化影响着人们的价值观、态度、信念、行为及思想。文化最核心的问题就是价值观，这些价值观定义了什么是好的，什么是令人满意的，什么是文化理想等。地域作用的一个重要机制就是通过社会影响来实现，心理学领域的研究已经表明社会期望会对个人的行为产生重要影响（Cialdini 和 Goldstein，2004）。区域文化的价值观将直接影响企业的利益相关者对企业承担社会责任的预期，进而影响企业社会责任实践。现有研究并未对文化这一非正式制度如何影响企业社会责任的承担进行研究，本章的研究将弥补这一空白，探讨上市公司所在地的文化将如何影响企业社会责任的履行。

9.2 制度背景、理论分析与研究假设

9.2.1 制度背景

我国对上市公司社会责任的关注始于 21 世纪，2001 年中国石油公开披露了公司"2001 年健康安全环境报告"，这是我国上市公司第一份社会责任报告。2006 年国家电网公开发布了"企业社会责任报告"，此后中国上市公司公开披露社会责任报告的数量逐年上升。2007 年 12 月 29 日，国务院国有资产监督管理委员会印发《关于中央企业履行社会责任的指导意见》的通知，要求有条件的中央企业要定期发布社会责任报告或可持续发展报告。2009 年 11 月，国务院国资委央企社会责任工作会要求所有中央企业在 3 年内都要定期向社会公布社会责任报告或者可持续发展报告，并提高央企在海外业务中履行社会责任的能力。同时，上海证券交易所在 2008 年 12 月发布的《上海证券交易所关于做好

上市公司2008年年度报告工作的通知》中也对上市公司披露社会责任报告提出了要求：在本所上市的"上证公司治理板块"样本公司，发行境外上市外资股的公司及金融类公司，应在2008年年报披露的同时披露公司履行社会责任的报告（以下简称"社会责任报告"），同时鼓励其他有条件的上市公司在2008年年报披露的同时披露社会责任报告。深圳证券交易所也从2009年开始要求"深圳100指数"成分股对外公开披露社会责任报告，同时鼓励其他有条件的上市公司披露社会责任报告。从总体上看，我国对于上市公司企业社会责任报告的披露仍然是非强制性的。这些要求使得我国上市公司社会责任报告的披露逐渐规范化，也吸引了利益相关者对企业社会责任履行情况的关注。自2009年以来，我国上市公司披露企业社会责任的数量不断上升，具体如图9-1所示。图9-1中上市公司社会责任报告披露的数据来自润灵环球（RKS）的社会责任评分数据。从图9-1可以看出，我国上市公司自愿和应规披露企业社会责任报告的数量都在逐年上升，同时自愿披露社会责任报告的公司比例也不断增加。

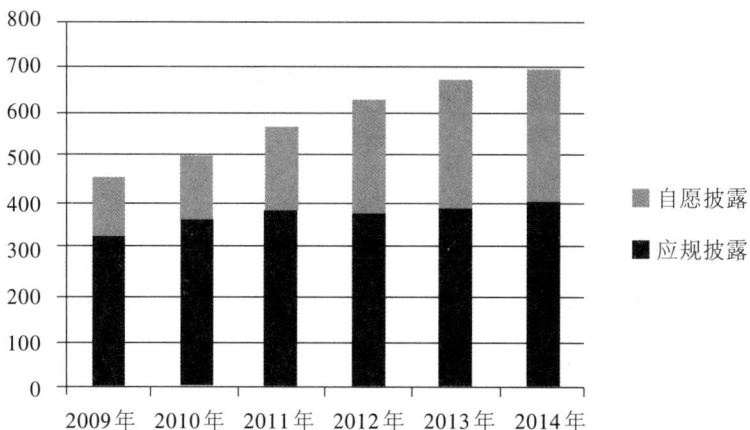

图9-1　2009—2014年我国上市公司社会责任报告披露情况

9.2.2　理论分析与研究假设

社会影响对人们行为的选择具有重要作用（Cialdini 和 Goldstein，2003），人们在进行决策时总是希望自己的行为能够与社会大多数人的行为一致。社会影响作用于人们的一个重要途径就是通过社会规范来影响人们对事物的认知。已有研究发现社会规范在很多方面影响着人们的行为，这些行为不仅包括日常行为如环保意识（Schultz，1999）、乱丢垃圾（Kallgren 等，2000）等，还影响人们的经济决策，如避税等（Cf. Kahan，1997）。McAdams 和 Rasmusen（2007）甚至指出社会规范作为一种非正式制度在一定程度上可以替代法律。Kohlberg（1984）指出社会规范能够对人的行为产生影响是由于人们都愿意使自己的行为与社会中其他人的行为保持一致，据此来避免因为违反社会广为接受或者认为正确的规则、价值观或者信念而导致交易成本增加或导致受到处罚（Sunstein，1996）。Cialdini（1993）指出社会规范的传播和强化在一定程度上是通过使用社会证据启发教育法（Social Proof Heuristic）来实现的。社会证据启发教育法预测当人们认为某种特定的行为会受到来自社会的强烈支持时，他们就会学习其他人的行为方式。区域文化的价值观和信念直接奠定了地区社会规范的基础，形成了一种社会影响，进而作用于人们的决策过程中。

权力差距（Power Distance）是指社会成员认可或接受权力及财富可以在社会成员之间不平等分配的程度。一个地区的文化对权力差距的接受程度越高，则该地区人们对等级秩序的接受程度越高，各阶层对自己的地位的接受度越高，对公平和平等的追求程度越低；相反，一个地区的文化对权力差距的接受程度越低，则该地区的人们越追求权力和财富的公平分配，对公平和平等的追求程度越高（Guan 和 Pourjalali，2010）。从社会角度来看，一个地区的文化对权力差距的接受程度越高，社会成员对社会现状的接受程度越高，社会规范要求企业承担责任，对环境保护、贫困等问题进行改善的意愿越低，因此对企业承担社会责任的要求也越低。从企业角度来看，公司所在地的文化对权力差距的接受程度越高，社会规范对企业承担社会责任的预期就越低，此时企业去关注和承担社会责任的意愿也比较低。综上，地区文化的权力差距维度与企业社会责任承担有着负向关系，据此，我们提出研究假设 9.1。

假设 9.1　一个地区的文化对权力差距的接受程度越高，企业承担社会责任的质量越低企业承担社会责任实际上是对企业资源进行分配的决策，这一决策将受到各方面利益相关者的影响。总体上，消费者、政府等外部利益相关者更希望把企业资源的一部分用于承担社会责任以促进整个社会的发展。从短期看，企业社会责任的承担将导致企业资源的外流，降低企业短期价值，因此，公司的投资者未必希望公司投资于社会责任的承担。如果企业的投资者重视社会责任，他们可以利用自己的财富来承担社会责任。Friedman（1970）就指出企业管理者应该仅仅聚焦于利润最大化，同时让股东利用获取的利润来实现自己的社会目标。Brammer 等（2007）也发现有信仰的个人能够将自己对个人责任的看法与对企业责任的看法区分开来。企业进行决策的基础是对成本与收益的权衡，如果一个地区的文化是以绩效为导向的，则对公司绩效的追求将是该地区企业追求的首要目标。企业承担社会责任需要大量资金的流出，这会影响企业的业绩，虽然社会责任的承担也可以帮助企业吸引消费者或带来声誉上的正面影响，但这种回馈通常需要较长的周期，因此以业绩为首要目标的绩效导向的企业为了追求企业绩效可能更不愿意承担社会责任。综上，如果一个地区的文化是以绩效为导向的，那么公司承担社会责任的质量可能更低。据此，我们提出研究假设9.2。

假设9.2 如果一个地区的文化是绩效导向的，那么该地区公司承担社会责任的质量较低

企业社会责任的承担有助于环境的可持续发展、减少社会贫富差距、促进社会的公平和正义等。性别平等（Gender Egalitarian）指的是社会对性别角色差异和性别歧视的态度。如果一个地区的文化越强调性别平等，则该地区文化对平等和公平的重视程度越强，那么该地区的企业承担社会责任的意愿也会越强烈，相反，如果一个地区的文化对性别歧视越严重，则该地区文化对平等和公平的重视程度越低，那么该地区的企业承担社会责任的意愿也会越低。据此，我们提出研究假设9.3。

假设9.3 一个地区的文化对性别平等的重视程度越高，则企业承担社会责任的质量越高

企业管理者的特质对企业决策具有重要影响（Hambrick 和 Manson，1984；Bertrand 和 Schoar，2003）。当企业 CEO 的文化特质与企业所在

地文化一致时，两种文化合二为一，一致的文化偏好降低了企业决策过程中的文化冲突，使得区域文化对企业社会责任承担决策产生显著影响。而当 CEO 身上承载的文化与公司所在区域文化不一致时，CEO 的文化偏好可能与区域文化偏好产生冲突，CEO 更愿意按照自己的文化规范来进行决策，进而削弱了区域文化对企业决策的影响，此时地区文化对企业社会责任承担的影响将不再显著。据此，我们提出研究假设 9.4。

假设 9.4a　当 CEO 文化特质与地区文化相同时，地区文化的权力差距维度对企业社会责任承担情况的影响效应更强

假设 9.4b　当 CEO 文化特质与地区文化相同时，文化的绩效导向对企业社会责任承担的影响效应更强

假设 9.4c　当 CEO 文化特质与地区文化相同时，文化的性别平等维度对企业社会责任承担的影响效应更强

9.3　研究设计

9.3.1　样本选择与数据来源

（1）样本选择

本章的研究对象是 2010—2014 年我国沪深两市 A 股上市公司。按照以下标准对样本进行筛选：①由于金融行业的特殊性，剔除金融行业样本；②剔除主要研究变量观测值缺失的样本。为了消除极端值对研究结果的影响，我们对所有连续型变量在 1% 和 99% 水平上进行 Winsorize 处理。为了检验企业高管的文化特质如何调节区域文化与企业社会责任承担之间的关系，我们需要获得上市公司 CEO 的文化背景数据，具体方法为搜集上市公司 CEO 的祖籍，以该地文化衡量 CEO 的文化特质。由于上市公司 CEO 的祖籍地信息并不是强制披露的信息，因此很多上市公司没有对此进行披露。披露此类信息的上市公司比例较低，使得我们的最终样本量变小。另外，虽然随着社会对企业社会责任承担的重视，越来越多的上市公司自愿披露企业社会责任报告，但是从图 9-1 可以看出，总体上，我国披露企业社会责任报告的公司绝大部分还是被强

制要求的。在这些公司中，金融类公司占了很大比例，但由于金融公司的特殊性我们对其进行了剔除，这导致披露社会责任报告的公司数量进一步减少，最终使得我们的样本规模变小，最终，得到了867个公司-年度观测。

（2）数据来源

本章关于企业社会责任表现的数据来自于润灵环球责任评级（Rankings CSR Ratings，RSK）对上市公司公开披露的企业社会责任报告的评价得分。润灵环球成立于2007年，是中国企业社会责任权威第三方评级机构，该公司自主研发了国内首个上市公司社会责任报告评级系统，并于每年年末召开A股上市公司社会责任报告高峰论坛，该论坛已经成为上市公司社会责任领域的权威沟通平台。由于润灵环球（RSK）在中国上市公司社会责任报告评级方面的权威性，我们利用其对上市公司社会责任报告的评价得分来衡量上市公司社会责任表现。同时，由于润灵环球（RSK）是一家第三方评级机构，其评价更为公正和客观，增加了我们研究的信度。

为了衡量我国各地区的区域文化，本书借鉴了赵向阳等（2015）的研究成果。赵向阳等（2015）以大学一年级新生作为调查对象，研究来自不同地区的大学生的文化差异，进而用大学一年级新生的文化价值观代表其所在地区的文化价值观。之所以将样本选定为大学一年级新生是因为大学新生来自祖国各地，具有多样性，同时刚入学的大学新生还没有受到其他更多文化的熏染，仍然带着强烈的自己家乡的文化价值观。在赵向阳等（2015）的研究中，样本有来自"985""211"高校的新生，也有来自地方性院校的大学生。作者采用了GLOBE研究的文化习俗问卷，要求参与调查的学生回答问卷问题。进一步，根据GLOBE研究的指导手册，将个人得分进行整合，得到我国各省、自治区和直辖市的文化得分数据。其中，GLOBE的9个文化习俗分别为不确定性规避、未来导向、权力差距、集体主义、人际关怀导向、绩效导向、小团体集体主义、性别平等和恃强性。

赵向阳等（2015）的研究利用调查问卷的方式分别利用GLOBE和Schwartz两种研究方法计算了中国各省、自治区和直辖市的文化得分，本部分中我们将采用 GLOBE 调查问卷计算出的文化分值。之所以选择 GLOBE 文化得分，是基于以下两个方面的考虑：首先，GLOBE 研究是跨文化研究中的最新进展，基本上囊括了前人的主要研究成果；其次，GLOBE 指标的文化价值观是与工作和管理相关的文化价值观，本章主要的研究问题是区域文化对企业行为的影响，因而采用与工作和管理相关的文化价值观更加契合我们的研究目标。我国各地区文化维度具体得分情况见表 6-1。

本书财务数据来自国泰安 CSMAR 数据库，公司 CEO 资料在 CSMAR 数据库中的人物特征综合资料的基础上，对不明确的数据进行手工搜集整理。

9.3.2　变量定义

（1）企业社会责任表现

本章采用润灵环球责任评级（RSK）披露的上市公司企业社会责任报告评价得分来衡量上市公司承担社会责任的质量，润灵环球（RSK）的评价得分越高，则表明企业的社会责任表现越优秀。企业发布的社会责任报告是利益相关者了解企业社会责任表现的一个重要途径，社会责任报告披露质量的高低体现了企业对社会责任的重视程度及质量。因此，企业社会责任报告的评价得分是企业社会责任表现的恰当的衡量指标。

（2）文化维度

本章主要考察区域文化中的权力差距、绩效导向和性别平等维度对企业社会责任表现的影响。各地区文化中的未来导向和集体主义导向数据参考赵向阳等（2015）的研究，具体见表 6-1。PD 取值越大，表明该地区文化对权力和资源不平等分配的接受程度越高；PO 取值越大，表明该地区文化的绩效导向越强烈。GE 取值越大，表明地区文化越重视性别的平等。我们采用公司 CEO 祖籍地的文化来衡量 CEO 的文化特质，当 CEO 祖籍地与公司所在地一致时，表明 CEO 个人的文化特质与公司所在地区文化特质相一致；否则表明 CEO 个人文化特质与公司所在地区文化特质具有冲突。之所以选择祖籍地的文化来衡量企业 CEO

的文化特质，主要考虑到样本容量的问题，由于上市公司 CEO 的祖籍地和出生地等信息是非强制性披露的信息，因此上市公司对这些信息的披露有限，只有少量的公司公开地披露这些信息，导致了样本规模比较小。相较之下，披露上市公司 CEO 祖籍地信息的公司更多一些，为了增加样本量，我们选择以 CEO 的祖籍地文化作为 CEO 个人文化特质的替代变量。这种选择并不会损害本书研究的可信性，主要原因如下：一是文化具有稳定性，可以不变地从一代人传到下一代人身上，因此，上市公司 CEO 传承了其祖辈的文化；二是现阶段我国上市公司 CEO 的年龄普遍较高，由于经济和人口流动等原因，他们的祖籍地通常与出生地一致。

（3）控制变量

参照以往关于企业社会责任的文献，本章将企业规模、资产负债率、总资产净利润率、公司第一大股东持股比例和公司前五大股东持股比例的平方和作为控制变量。同时为了控制不同地区经济发展水平的差异，我们还将地区人均 GDP 作为控制变量，本部分主要变量及其定义具体见表 9-1。

表 9-1 主要变量定义及说明

变量名称	变量说明
CSR	上市公司社会责任表现，用润灵环球责任评级披露的中国上市公司社会责任报告评价得分来衡量
PD	区域文化的权力差距维度，具体数值见表 6-1
PO	区域文化的绩效导向维度，具体数值见表 6-1
GE	区域文化的性别平等维度，具体数值见表 6-1
Size	公司规模，用公司期末资产的自然对数来衡量
Lev	资产负债率，用公司期末负债与总资产的比值来衡量
ROA	总资产净利润率，用净利润与总资产平均余额的比值来衡量，其中总资产平均余额等于总资产期末余额与总资产期初余额的均值
Big1	股权集中度指标 1，用第一大股东持股比例来衡量
IndexH	股权集中度指标 2，用公司前五大股东持股比例的平方和来衡量
GDP	地区经济发展水平，用上市公司注册地当年人均 GDP 的自然对数来衡量

9.3.3 研究模型

为了对本章的研究假设进行检验，我们构建了模型（9-1）来检验区域文化对企业社会责任表现的影响。进一步为了实证检验管理者文化特质对区域文化和企业社会责任表现的关系的影响，我们将所有样本分为两组：一组包括 CEO 的文化特质与公司所在地的文化一致的上市公司；另一组为 CEO 的文化特质与公司所在地的文化不一致的上市公司，进一步我们利用模型（9-1）对两组样本分别进行回归：

$$CSR_{i,t} = \alpha_0 + \alpha_1 Culture_{i,t} + \alpha_2 Size_{i,t} + \alpha_3 Lev_{i,t} + \alpha_4 ROA_{i,t} + \alpha_5 Big1_{i,t} +$$

$$\alpha_6 IndexH_{i,t} + \alpha_7 GDP_{i,t} + \sum Yeardummy + \sum Industrydummy + \varepsilon_{i,t} \qquad (9-1)$$

9.3.4 描述性统计

表9-2对各地区上市公司的社会责任表现以及文化维度中的权力差距、绩效导向和性别平等得分进行了描述。从表9-2可以看出我国各省、自治区和直辖市的上市公司的社会责任表现存在较大的差异。平均来看，贵州省的上市公司社会责任报告评分最低，均值为27.783，而河北省的上市公司社会责任报告的评价得分最高，平均为53.847，其得分高出得分最低的省份近一倍，表明我国上市公司社会责任表现存在着明显的地区差异。从区域文化的权力差距维度来看，地区文化对权力差距接受程度最低的地区为宁夏回族自治区，其PD值为4.34，而对权力差距接受程度最高的地区是北京市，其PD值为4.91。从文化的绩效导向维度来看，绩效导向最弱的地区是四川省，其PO值为4.42，而绩效导向最强烈的地区是湖南省，其PO值为4.91。从对性别平等的重视程度来看，内蒙古自治区对性别平等的重视程度最低，其GE值为3.34，而重庆市的性别平等程度最高，其GE值为3.73。

表9-2 各地区社会责任表现及文化特质

地　区	社会责任评级得分	权力差距（PD）	绩效导向（PO）	性别平等（GE）
安　徽	35.993	4.49	4.75	3.37
北　京	43.741	4.91	4.60	3.44
福　建	30.396	4.52	4.64	3.46

地　区	社会责任评级得分	权力差距（PD）	绩效导向（PO）	性别平等（GE）
甘　肃	31.251	4.63	4.60	3.51
广　东	41.644	4.42	4.66	3.61
广　西	37.028	4.45	4.67	3.66
贵　州	27.783	4.46	4.86	3.60
海　南	50.829	4.52	4.69	3.68
河　北	53.847	4.64	4.67	3.46
河　南	30.911	4.70	4.70	3.40
黑龙江	27.950	4.52	4.65	3.49
湖　北	32.705	4.51	4.88	3.37
湖　南	33.947	4.66	4.91	3.40
吉　林	29.005	4.60	4.78	3.45
江　苏	35.895	4.56	4.60	3.67
江　西	29.470	4.74	4.89	3.46
辽　宁	43.107	4.57	4.53	3.45
内蒙古	36.767	4.90	4.64	3.34
宁　夏	34.483	4.34	4.87	3.63
青　海	37.226	4.72	4.49	3.69
山　东	38.913	4.68	4.61	3.48
山　西	34.076	4.57	4.76	3.47
上　海	43.329	4.54	4.51	3.72
四　川	36.878	4.81	4.42	3.46
天　津	46.234	4.64	4.77	3.47
西　藏	31.276	4.35	4.65	3.53
新　疆	38.363	4.34	4.77	3.53
云　南	42.005	4.54	4.73	3.57
浙　江	33.705	4.89	4.69	3.51
重　庆	32.661	4.65	4.78	3.73

　　表9-3是本章主要变量的描述性统计结果。从表9-3中可以看出，从样本总体来看CSR的均值为38.079，而其最小值和最大值分别为17.53和77.59，相差了将近4倍。这表明虽然随着社会各界对企业社会责任越来越重视，上市公司披露社会责任报告的数量不断上升，其质量也在不断提高，但整体上企业社会责任报告披露的质量仍然参差不齐，

整体上有待提升。区域文化维度中的权力差距指标均值为 4.628，标准差为 0.175，最小值和最大值分别为 4.34 和 4.91。区域文化维度中的绩效导向指标均值为 4.649，标准差为 0.095，最小值和最大值分别为 4.42 和 4.91。区域文化维度中的性别平等指标均值为 3.528，标准差为 0.103，最小值和最大值分别为 3.34 和 3.73。而公司第一大股东持股比例 Big1 的均值为 38.896，表明平均来看，样本公司第一大股东持股比例为 38.896%，股权集中度比较高。

表 9-3 主要变量的描述性统计结果

变量名称	样本数	均值	标准差	最小值	中位数	最大值
CSR	867	38.079	12.927	17.53	34.71	77.59
PD	867	4.628	0.175	4.34	4.56	4.91
PO	867	4.649	0.095	4.42	4.65	4.91
GE	867	3.528	0.103	3.34	3.48	3.73
Size	867	23.164	1.500	20.349	23.057	26.955
Lev	867	0.503	0.198	0.059	0.515	0.852
ROA	867	0.057	0.055	−0.098	0.048	0.252
Big1	867	38.896	17.132	8.11	39.276	77.509
IndexH	867	0.200	0.142	0.013	0.171	0.612
GDP	867	10.85	0.408	9.866	10.898	11.513

9.4 实证结果

9.4.1 区域文化对企业社会责任表现的影响

为了实证检验区域文化对上市公司社会责任表现的影响，我们利用模型（9-1）对研究假设 9.1 至假设 9.3 进行检验，结果列示于表 9-4。从表 9-4 第一列回归结果我们可以看出，PD 的系数为负并且在 1% 的显著性水平上显著，这一结果验证了假设 9.1。说明一个地区的文化对权力差距的接受程度越高，社会成员对社会现状的接受程度越高，社会规范要求企业承担社会责任的意愿越低，社会规范对企业承担社会责任的较低预期，导致企业去关注和承担社会责任的意愿也比较低。因此一个地区文化对权力差距的接受程度越高，该地区上市公司的社会责任表现越差。从表 9-4 的第二列回归结果可以看出，PO 的系数为负并且在

10%的显著性水平上显著，这一结果支持我们的研究假设9.2。说明企业进行社会责任投资决策的基础是对成本与收益的权衡，如果一个地区的文化是以绩效为导向的，则对公司绩效的追求将是企业追求的首要目标。企业承担社会责任需要大量资金的流出，这会影响企业的短期业绩，虽然社会责任的承担也可以帮助企业吸引消费者或带来声誉上的正面影响，但这种回馈通常需要很长的周期，因此以业绩为首要目标的绩效导向使得企业为了追求绩效而更不愿意承担社会责任，其社会责任表现较差。从表9-4的第三列回归结果中我们可以看出GE的系数为正并且在1%的显著性水平上显著，这一结果支持了我们的研究假设9.3。说明如果一个地区的文化越强调性别平等，则该地区文化对平等和公平的重视程度越高，对社会整体福利的关注也会越多，因此社会成员互相帮助共同改善社会整体环境的动机也越强烈，进而该地区的企业承担社会责任的意愿越强烈，社会责任表现越好。

表9-4 区域文化对上市公司社会责任表现的影响——全样本回归结果

	因变量=CSR		
PD	−9.401***		
	（0.000）		
PO		−8.336*	
		（0.063）	
GE			14.598***
			（0.001）
Size	5.745***	5.575***	5.593***
	（0.000）	（0.000）	（0.000）
Lev	−10.814***	−10.999***	−10.172***
	（0.000）	（0.000）	（0.001）
ROA	−13.730**	−14.985**	−13.822**
	（0.049）	（0.027）	（0.044）
Big1	−0.260***	−0.305***	−0.309***
	（0.003）	（0.000）	（0.000）
IndexH	31.966***	37.404***	37.012***
	（0.005）	（0.001）	（0.001）
GDP	6.010***	3.712***	4.026***
	（0.000）	（0.003）	（0.000）
Constant	−101.842***	−77.706***	−171.343***
	（0.000）	（0.008）	（0.000）
Obs.	867	867	867
Adjusted R^2	0.394	0.383	0.392

说明：***、**、*分别表示该变量估计系数在1%、5%、10%水平上显著，括号内为p值。

9.4.2　管理者特质对区域文化与企业社会责任表现关系的影响

为了考察管理者的文化特质如何影响区域文化与上市公司社会责任表现之间的关系，此部分利用模型（9-1）对样本进行分组检验。根据上市公司CEO的文化特质与公司所在地文化特质是否一致，我们将全部样本分为两组：一组为CEO文化特质与公司所在地文化特质一致的组；另一组为CEO的文化特质与公司所在地文化特质不一致的组。检验结果列示于表9-5。

表9-5　管理者文化特质对区域文化与社会责任表现关系的影响

	因变量=CSR					
	Character=1			Character=0		
PD	-17.910^{***}			-5.676		
	(0.000)			(0.121)		
PO		-15.331^{***}			2.386	
		(0.009)			(0.750)	
GE			31.214^{***}			9.638
			(0.000)			(0.123)
Size	4.839^{***}	4.717^{***}	4.633^{***}	5.305^{***}	5.280^{***}	5.245^{***}
	(0.000)	(0.000)	(0.000)	(0.000)	(0.000)	(0.000)
Lev	-7.589^{*}	-7.386^{*}	-6.274^{*}	-7.921	-8.441^{*}	-7.423
	(0.054)	(0.071)	(0.086)	(0.104)	(0.084)	(0.126)
ROA	0.663	-7.092	-2.613	-10.889	-10.213	-9.653
	(0.944)	(0.465)	(0.751)	(0.407)	(0.439)	(0.336)
Big1	-0.123	-0.232^{**}	-0.287^{***}	-0.246^{*}	-0.252^{*}	-0.261^{*}
	(0.243)	(0.030)	(0.005)	(0.057)	(0.052)	(0.061)
IndexH	8.487	23.197^{*}	28.934^{**}	36.760^{**}	36.727^{**}	37.268^{**}
	(0.522)	(0.083)	(0.024)	(0.022)	(0.022)	(0.026)
GDP	4.948^{***}	0.896	0.781	7.466^{***}	6.834^{***}	6.481^{***}
	(0.001)	(0.576)	(0.609)	(0.000)	(0.000)	(0.000)
Obs.	498	498	498	369	369	369
Adj. R^2	0.393	0.356	0.398	0.488	0.485	0.489

说明：***、**、*分别表示该变量估计系数在1%、5%、10%水平上显著，括号内为p值。

从表9-5可以看出在CEO文化特质与公司所在地文化特质一致的组，区域文化的权力差距维度和绩效导向维度的回归系数为负，并且在1%的显著性水平上显著，而区域文化的性别平等维度的回归系数为正并且在1%的显著性水平上显著。这一结果与全样本回归的结果一致，支持了区域文化对企业社会责任表现具有显著影响的假设。说明区域文化作为一种非正式制度，奠定了社会规范的基础进而影响着企业承担社会责任的意愿和行为。但是在CEO文化特质与公司所在地文化特质不一致的组，我们发现各个文化维度的回归系数均在统计上不显著，这一结果说明企业高管个人的文化特质对企业决策具有重要影响。当CEO个人文化特质与公司所在地文化特质不一致时，CEO的文化偏好与区域文化偏好产生冲突，CEO更愿意按照自己的文化规范来进行决策，进而削弱了区域文化对企业决策的影响，此时区域文化对企业社会责任承担的影响将不再显著。表9-5的分组回归结果表明公司高管对企业决策具有重要影响，其个人特质是重要的，对企业行为决策影响重大。

9.4.3　稳健性检验

我国证券监督管理部门对于上市公司社会责任报告的披露采取强制加自愿相结合的方式，即对符合要求的特定类型的上市公司强制要求其定期公布企业社会责任报告，而不在强制披露范围内的上市公司可以自愿对社会责任报告进行披露。金融类公司是监管机构要求强制性披露企业社会责任报告的一类公司，在之前的检验中为了防止金融类上市公司的特殊性对我们回归结果的影响，我们在样本选择的过程中将金融类上市公司进行了剔除。由于在样本期间我国披露社会责任报告的上市公司数量有限，同时为了检验公司高管个人文化特质对区域文化与企业社会责任表现关系的影响，我们需要上市公司CEO的文化背景数据，这一数据的非强制性披露特点使得我们的样本量进一步减小。在这种情况下，剔除金融类上市公司进一步减少了我们的样本量，因此在这一部分，我们将金融类上市公司包含在样本中。利用模型（9-1）我们对样本进行了总体检验及分组检验，结果与前述结果基本一致，证明本章结果是稳健的。

9.5　本章小结

　　本章实证检验了区域文化对企业社会责任表现的影响，研究结果表明区域文化对境内上市公司履行社会责任的表现具有显著影响。具体表现为：地区文化的权力差距维度与企业社会责任表现负相关，说明一个地区的文化对权力差距的接受程度越高，社会成员对社会现状的接受程度越高，社会规范要求企业承担社会责任的意愿越低，社会规范对企业承担社会责任的较低预期，削弱了企业关注和承担社会责任的动机。因此一个地区文化对权力差距的接受程度越高，该地区上市公司的社会责任表现越差。地区文化的绩效导向维度与境内上市公司社会责任表现负相关，说明企业进行社会责任投资决策的基础是对成本与收益的权衡，如果一个地区的文化是以绩效为导向的，则对公司绩效的追求将是该地区企业追求的首要目标。企业承担社会责任需要大量资金的流出，这会影响企业的业绩，虽然社会责任的承担也可以帮助企业吸引消费者或带来声誉上的积极影响，但这种反馈通常需要较长的时间，因此以业绩为导向的企业可能更不愿意承担社会责任，其社会责任表现较差。地区文化的性别平等维度与境内上市公司社会责任表现正相关，说明如果一个地区的文化越强调性别平等，则该地区文化对平等和公平的重视程度越强，对社会整体福利的关注也会越多，社会成员互相帮助共同改善社会整体环境的动机也越强烈，所以该地区的企业承担社会责任的意愿也会越强烈，社会责任表现越好。进一步，我们检验了公司高管的个人文化特质对区域文化与企业社会责任之间关系的影响，结果发现当CEO个人文化特质与区域文化一致时，区域文化对企业社会责任表现具有显著影响，而当公司CEO个人文化与上市公司所在地文化产生冲突时，高管个人文化特质起决定性作用，区域文化对企业社会责任表现不再具有显著的影响。

　　本章从文化角度探讨了企业承担社会责任的影响因素，检验了非正式制度对企业经营决策的影响，丰富了企业社会责任及文化的相关文献。同时，本书从文化的视角检验了管理者个人特质对企业决策的影响，结果进一步证实管理者个人特质对公司决策的重要性，丰富了管理者特质对企业决策影响的相关文献。

10 研究结论、研究局限与研究展望

10.1 主要研究结论

本书主要探讨文化作为一种非正式制度对微观企业资本配置效率的影响，并在此基础上研究了企业决策的重要制定者——公司高管——其个人文化特质与区域文化的相互作用及其对企业决策的影响。文章首先梳理了制度与经济绩效的相关理论，构建起本书的理论分析框架，回顾了国内外关于文化影响企业行为及高管个人特质对企业资本配置效率影响的相关文献，并结合我国特殊的文化背景，梳理了相关理论。进一步，本书实证检验了我国区域文化差异对上市公司商业信用使用情况、现金持有水平、企业社会责任承担及创新效率的影响，在此基础上，本书实证检验了区域文化影响企业资本配置效率的路径和机理，发现当企业同时面临所在地区的区域文化和高管个人的文化特质时，在高管个人文化特质与地区文化的相互作用的基础上，高管个人文化特质的影响更显著。现就本书主要结论总结如下：

（1）区域文化、管理者特质对企业商业信用使用情况的影响

本书通过分地区统计发现，我国各省、自治区和直辖市境内上市公司对商业信用的使用情况存在显著差异。进一步，我们实证检验了区域文化特征对企业商业信用使用情况的影响。结果发现，区域文化会影响企业对风险的承受能力，进而影响商业信用这一风险较高的融资方式的使用情况。区域文化对商业信用的影响具体表现为：地区文化的不确定性规避程度越高，境内上市公司要求获得的商业信用数量越多，即应付款项比例越高，相反，如果一个地区文化的不确定性规避程度越低，境内上市公司对外提供商业信用的数量越多，即应收款项比例越高；一个地区文化的恃强性越高，则境内上市公司对外提供商业信用的水平越高。进一步，区分CEO文化特质后发现，当CEO个人文化特质与区域文化一致时，区域文化对企业商业信用使用情况具有显著影响，而当CEO个人文化特质与区域文化产生冲突时，CEO个人的文化特质对企业决策具有主导作用，区域文化对商业信用的影响不再显著。

（2）区域文化、管理者特质对企业现金持有水平的影响

区域文化特征对我国上市公司现金持有水平具有显著影响，文化维度中的未来导向和集体主义对企业现金持有量具有正向的促进作用。具体表现为：一个地区的文化越倡导未来导向，为了保证未来生产经营的顺利进行和预防未来投资对现金的需要，该地区的上市公司越愿意持有更多的现金；一个地区的文化越强调集体主义，公司对风险的接受程度越低，在决策中也更容易受到其他企业影响，该地区的上市公司越愿意持有更多的现金。进一步，我们探讨了企业高管个人文化特质对区域文化和公司现金持有水平之间关系的影响。结果发现，当公司CEO个人的文化特质与区域文化相同时，区域文化对企业现金持有决策有着显著的影响，而当公司CEO个人的文化特质与区域文化不同时，区域文化对企业现金持有决策不再具有显著的影响。这一结果说明公司CEO在企业现金持有决策中起着重要的作用，当其文化特质与区域文化特征相冲突时，CEO个人的文化特质对企业现金持有决策具有更为重要的影响。

（3）区域文化、管理者特质对企业创新效率的影响

区域文化特征对我国上市公司创新效率具有显著的影响，具体表现为：区域文化中的未来导向维度对企业创新效率具有显著的正向影响。说明如果一个地区的文化强调对未来的关注，企业在进行决策时会更加着眼于未来，因此能够承受企业创新的较长周期，该地区企业的创新效率更高。进一步，我们探讨了企业高管个人文化特质对区域文化与企业创新效率之间关系的影响。结果发现，当企业 CEO 的文化特质与企业所在地文化一致时，区域文化对企业创新效率产生显著影响，而当 CEO 身上承载的文化与公司所在区域文化不一致时，区域文化对企业创新效率的影响不再显著。

（4）区域文化、管理者特质对企业社会责任承担的影响

区域文化特征对我国上市公司社会责任表现具有显著的影响，具体表现为：地区文化的权力差距维度与企业社会责任表现负相关，表明一个地区的文化对权力差距的接受程度越高，社会成员对社会现状的接受程度越高，社会对企业承担社会责任的预期较低，导致该地区上市公司的社会责任表现越差；地区文化的绩效导向维度与境内上市公司社会责任表现负相关，企业进行社会责任投资决策的依据是对成本与收益的权衡，如果一个地区的文化是以绩效为导向的，则对公司绩效的追求将是该地区企业追求的首要目标。企业承担社会责任需要大量资金的流出，这会在短期内影响企业的业绩，虽然社会责任的承担可以帮助企业吸引消费者或带来声誉上的正面影响，但这种回馈通常需要较长的时间，因此绩效导向的文化使得企业社会责任表现较差；地区文化的性别平等维度与境内上市公司社会责任表现正相关，说明如果一个地区的文化越强调性别平等，则该地区文化对平等和公平的重视程度越强，对社会整体福利的关注也会越多，社会成员互相帮助共同改善社会整体环境的动机也越强烈，因此，该地区的企业承担社会责任的意愿也越强烈，社会责任表现越好。进一步，区分 CEO 文化特质后发现，当 CEO 个人文化特质与区域文化一致时，区域文化对上市公司社会责任表现仍然具有显著影响，而当 CEO 个人文化特质与区域文化产生冲突时，区域文化特征对境内上市公司社会责任表现不再具有显著影响。

10.2 研究局限与研究展望

10.2.1 研究局限

本书初步探讨了区域文化及区域文化与管理者个人文化特质的相互作用对企业决策的影响，限于笔者的研究水平，本书存在以下不足之处：

（1）研究内容的局限性

本书在对区域文化特征如何影响企业决策进行考察的基础上，进一步探析了高管文化特质与公司所在地文化的差异对区域文化与公司决策之间关系的影响，并证实了高管个人特质对企业决策的重要作用。但是，我们并没有考察高管其他特质对企业决策的影响。

（2）研究数据的局限性

国内外关于文化的研究都面临一个重要的难题，即文化的衡量问题。文化是一种广泛的概念，在学术研究中对其进行量化衡量是一项困难的工作。本书参考了赵向阳等（2015）对我国区域文化的衡量方法，利用其研究得出的中国各省、自治区和直辖市的文化得分来衡量我国各地区的文化。赵向阳等（2015）以大学一年级新生作为调查对象向其发放问卷，参考GLOBE调查问卷的问题，利用问卷结果计算出我国不同地区的文化分值。这种指标可能存在一些局限性，具体表现在以下几个方面：

第一，被调查者是大学一年级新生，由于社会实践的缺乏，他们对问卷问题的回答存在一定的局限性，同时被调查对象仅限于大学新生，使得被调查者缺乏多样性。

第二，赵向阳等（2015）的文化分值来自3 690份有效问卷，从整体来看，平均每个省份仅有100多张问卷，样本量比较有限。

10.2.2 研究展望

基于上述研究结论及研究中存在的局限，未来研究可以从以下几个方面展开：

（1）构建区域文化指标

在现有研究的基础上，寻求区域文化特征替代指标。由于文化概念的广泛性，找出一个直接的唯一的指标来衡量区域文化是不现实的，但是未来研究可以寻找文化的替代变量来衡量地区文化的差异性。另外，可以在现有文化概念框架的基础上，利用调查问卷的方法，进一步扩大样本量和被调查对象的差异性，同时完善调查问卷的设计，使其更准确。

（2）管理者其他特质

本书从高管个人承载的文化特质这一视角出发，探讨了高管特质对企业决策的影响。现有研究已表明管理者个人人口统计特征及心理特征也会对企业决策产生重要影响。文化对人的影响是广泛的、全面的，那么管理者个人心理特征等将与区域文化产生怎样的碰撞，二者共同作用将对企业决策产生怎样的影响？未来研究可以从这一角度出发，进行更进一步的探索。

主要参考文献

[1] 白俊红，蒋伏心. 协同创新、空间关联与区域创新绩效 [J]. 经济研究，2015（7）：174-187.

[2] 毕茜，顾立盟，张济建. 传统文化，环境制度与企业环境信息披露 [J]. 会计研究，2015（3）：12-19.

[3] 卜宪群. 中国区域文化研究 [M]. 北京：社会科学文献出版社，2019.

[4] 曹春方，夏常源，钱先航. 地区间信任与集团异地发展——基于企业边界理论的实证检验 [J]. 管理世界，2019（1）：179-191.

[5] 陈德球. 政府质量、公司治理与企业资本配置效率 [M]. 北京：北京大学出版社，2014.

[6] 陈冬华，等. 宗教传统与公司治理经济研究 [J]. 2013（9）：71-84.

[7] 陈培阳，朱喜钢. 基于不同尺度的中国区域经济差异 [J]. 地理学报，2012（8）：1085-1097.

[8] 陈夙，吴俊杰. 管理者过度自信、董事会结构与企业投融资风险——基于上市公司的经验证据 [J]. 中国软科学，2014（6）：109-116.

[9] 戴亦一，肖金利，潘越. "乡音"能否降低公司代理成本？——基于方言视角的研究 [J]. 经济研究，2016（12）：147-160.

[10] 董晓庆，赵坚，袁朋伟. 国有企业创新效率损失研究 [J]. 中国工业经济，2014（2）：97-108.

［11］ 杜兴强，骞薇，曾泉，等. 宗教影响、控股股东与过度投资：基于中国佛教的经验证据［J］. 会计研究，2016（8）：50-57.

［12］ 段海艳. 连锁董事关系网络对企业融资行为影响的实证研究［J］. 软科学，2009（12）：118-125.

［13］ 高洁，徐茗丽，孔东民. 地区法律保护与企业创新［J］. 科研管理，2015（3）：92-102.

［14］ 高翔，龙小宁. 省级行政区划造成的文化分割会影响区域经济吗?［J］. 经济学（季刊），2016（2）：647-674.

［15］ 郭长风. 文化基因论——地域文化对区域经济的影响［M］. 北京：中国经济出版社，2012.

［16］ 胡元木，王琳. 信息不对称、公司风险与债务期限结构［J］. 管理评论，2008（1）：55-62.

［17］ 江伟. 董事长个人特征、过度自信与资本结构［J］. 经济管理，2011（2）：78-85.

［18］ 姜付秀，伊志宏，苏飞，等. 管理者背景特征与企业过度投资行为［J］. 管理世界，2009（1）：130-139.

［19］. 迈尔斯. 管理与组织研究必读的40个理论［M］. 徐世勇，等，译. 北京：北京大学出版社，2017.

［20］ 金智，徐慧，马永强. 儒家文化与公司风险承担［J］. 世界经济，2017（11）：170-192.

［21］ 克罗茨纳，普特曼. 企业的性质［M］. 孙经纬，译. 上海：格致出版社、上海三联书店、上海人民出版社，2015.

［22］ 赖黎，巩亚林，马永强. 管理者从军经历、融资偏好与经营业绩［J］. 管理世界，2016（8）：126-136.

［23］ 李富强，董直庆，王林辉. 制度主导、要素贡献和我国经济增长动力的分类检验［J］. 经济研究，2008（4）：53-65.

［24］ 李广东，方创琳. 中国区域经济增长差异研究进展与展望［J］. 地理科学进展，2013（7）：1102-1112.

［25］ 李海，张勉. 企业文化是核心竞争力吗?——文化契合度对企业绩效的影响［J］. 中国软科学，2012（4）：125-134。

［26］ 李路，贺宇倩，汤晓燕. 文化差异、方言特征与企业并购［J］. 财经研究，2018（6）：140-152.

［27］ 李姝，赵颖，童婧. 社会责任报告降低了企业权益资本成本吗?——来自中国资本市场的经验证据［J］. 会计研究，2013（9）：64-70.

［28］ 李雪灵，张惺，刘钊，等. 制度环境与寻租活动：源于世界银行数据的实

证研究 [J]. 中国工业经济, 2012 (11): 84-96.

[29] 李焰, 秦义虎, 张肖飞. 企业产权, 管理者背景特征与投资效率 [J]. 管理世界, 2011 (1): 135-144.

[30] 梁上坤. 管理者过度自信、债务约束与成本黏性 [J]. 南开管理评论, 2015 (3): 122-131.

[31] 刘华, 魏娟, 巫丽兰. 企业社会责任能抑制盈余管理吗?——基于强制披露企业社会责任报告准实验 [J]. 中国软科学, 2016 (4): 95-107.

[32] 刘慧龙, 吴联生. 制度环境、所有权性质与企业实际税率 [J]. 管理世界, 2014 (4): 42-52.

[33] 卢云. 论文化的传播与文化区域的变迁 [J]. 复旦大学学报: 社会科学版, 1986 (3): 11-18.

[34] 鲁桐, 党印. 公司治理与技术创新: 分行业比较 [J]. 经济研究, 2014 (6): 115-128.

[35] 吕朝凤, 朱丹丹. 市场化改革如何影响长期经济增长?——基于市场潜力视角的分析 [J]. 管理世界, 2016 (2): 32-44.

[36] 吕文栋, 刘巍, 何威风. 管理者异质性与企业风险承担 [J]. 中国软科学, 2015 (12): 120-133.

[37] 马光荣. 转轨中的制度与经济增长——基于微观企业的视角 [M]. 北京: 中国人民大学出版社, 2016.

[38] 诺斯. 制度、制度变迁与经济绩效 [M]. 杭行, 译. 上海: 格致出版社、上海三联书店、上海人民出版社, 2014.

[39] 潘玉香, 杨悦, 魏亚平. 文化创意企业管理者特征与投资决策关系的研究 [J]. 中国软科学, 2015 (3): 172-181.

[40] 潘越, 肖金利, 戴亦一. 文化多样性与企业创新: 基于方言视角的研究 [J]. 金融研究, 2019 (10): 146-161.

[41] 綦建红, 杨丽. 中国OFDI的区位决定因素——基于地理距离与文化距离的检验 [J]. 经济地理, 2012 (12): 40-46.

[42] 权小锋, 吴世农, 尹洪英. 企业社会责任与股价崩盘风险: "价值利器" 或 "自利工具" ? [J]. 经济研究, 2015 (11): 49-64.

[43] 饶品贵, 张会丽. 通货膨胀预期与企业现金持有行为 [J]. 金融研究, 2015 (1): 101-116.

[44] 孙光国, 赵健宇. 产权性质差异、管理层过度自信与会计稳健性 [J]. 会计研究, 2014 (5): 52-58.

[45] 孙淑伟, 等. 中国企业海外并购溢价研究 [J]. 南开管理评论, 2017 (3): 77-89.

[46] 孙铮，刘凤委，李增泉. 市场化程度、政府干预与企业债务期限结构——来自我国上市公司的经验证据 [J]. 经济研究，2005（5）：52-63.

[47] 万良勇，饶静. 不确定性、金融危机冲击与现金持有价值——基于中国上市公司的实证研究 [J]. 经济与管理研究，2013（5）：63-71.

[48] 王福胜，宋海旭. 终极控制人、多元化战略与现金持有水平 [J]. 管理世界，2012（7）：124-136.

[49] 王海妹，吕晓静，林晚发. 外资参股和高管、机构持股对企业社会责任的影响——基于中国A股上市公司的实证研究 [J]. 会计研究，2014（8）：81-87.

[50] 王红建，李青原，邢斐. 经济政策不确定性、现金持有水平及其市场价值 [J]. 金融研究，2014（9）：53-68.

[51] 王军，邹广平，石先进. 制度变迁对中国经济增长的影响——基于VAR模型的实证研究 [J]. 中国工业经济，2013（6）：70-82.

[52] 王艳，李善民. 社会信任是否会提升企业并购绩效？[J]. 管理世界，2017（12）：125-140.

[53] 王艳，阚铄. 企业文化与并购绩效 [J]. 管理世界，2014（11）：146-157.

[54] 王一鸣. 沿海与内陆：新格局、新思路 [J]. 发展与改革，1992（5）：8-11.

[55] 王长斌. 企业文化区域性及其形成机制研究——以山东企业为例 [M]. 北京：经济管理出版社，2010.

[56] 肖文，林高榜. 政府支持、研发管理与技术创新效率——基于中国工业行业的实证分析 [J]. 管理世界，2014（4）：71-80.

[57] 肖泽忠，邹宏. 中国上市公司资本结构的影响因素和股权融资偏好 [J]. 经济研究，2008（6）：119-134.

[58] 肖作平，廖理. 终极控制股东、法律环境与融资结构选择 [J]. 管理科学学报，2012（9）：84-96.

[59] 谢伟，胡玮，夏绍模. 中国高新技术产业研发效率及其影响因素分析 [J]. 科学学与科学技术管理，2008（3）：144-149.

[60] 辛杰. 企业文化对企业社会责任的影响：领导风格与高管团队行为整合的作用 [J]. 上海财经大学学报，2014（6）：30-39.

[61] 辛杰. 非正式制度、文化传统与企业社会责任困境的隐性消解 [J]. 商业经济与管理，2014（9）：25-33.

[62] 许琳. 投资者法律保护与公司上市后长期业绩表现——基于法和金融理论的实证分析 [J]. 南开管理评论，2006（2）：96-101.

[63] 杨冬梅，万道侠. 我国区域经济增长差异的制度影响与实证研究 [M]. 北京：经济科学出版社，2017.

[64] 杨兴全，张丽平，吴昊旻. 市场化进程、管理层权力与公司现金持有 [J]. 南开管理评论，2014（2）：34-45.

[65] 易靖韬，张修平，王化成. 企业异质性、高管过度自信与企业创新绩效 [J]. 南开管理评论，2015（6）：101-112.

[66] 余明桂，李文贵，潘红波. 管理者过度自信与企业风险承担 [J]. 金融研究，2013（1）：149-163.

[67] 余明桂，潘红波. 金融发展、商业信用与产品市场竞争 [J]. 管理世界，2010（8）：117-129.

[68] 张敦富，覃成林. 中国区域经济差异与协调发展 [M]. 北京：中国轻工业出版社，2000.

[69] 张敦力，李四海. 社会信任、政治关系与民营企业银行贷款 [J]. 会计研究，2012（8）：17-24.

[70] 张杰，郑文平，翟福昕. 竞争如何影响创新：中国情景的新检验 [J]. 中国工业经济，2014（11）：56-68.

[71] 张婷婷. 区域文化对企业社会责任信息披露质量的影响——来自中国上市公司的证据 [J]. 北京工商大学学报：社会科学版，2019（1）：31-39.

[72] 张五常. 新制度经济学的现状及其发展趋势 [J]. 当代财经，2008（7）：5-9.

[73] 张新民，张婷婷，陈德球. 产业政策、融资约束与企业投资效率 [J]. 会计研究，2017（4）：12-18.

[74] 张新民，张婷婷. 文化对企业创新效率的影响——基于区域文化的视角 [J]. 学术交流，2017（5）：138-142.，

[75] 张新民，张婷婷. 信贷歧视、商业信用与资本配置效率 [J]. 经济与管理研究，2016（4）：26-31.

[76] 张兆国，刘亚伟，亓小林. 管理者背景特征、晋升激励与过度投资研究 [J]. 南开管理评论，2013（4）：32-42.

[77] 张兆国，刘永丽，谈多娇. 管理者背景特征与会计稳健性——来自中国上市公司的经验证据 [J]. 会计研究，2011（7）：11-18.

[78] 赵龙凯，江嘉骏，余音. 文化、制度与合资企业盈余管理 [J]. 金融研究，2016（5）：138-155.

[79] 赵龙凯，岳衡，矫堃. 出资国文化特征与合资企业风险关系探究 [J]. 经济研究，2014（1）：70-82。

[80] 赵向阳，李海，孙川. 中国区域文化地图："大一统"抑或"多元化"？[J]. 管理世界，2015（2）：101-119.

[81] 赵增耀，章小波，沈能. 区域协同创新效率的多维溢出效应 [J]. 中国工

业经济，2015（1）：32-44.

[82] 郑军，林钟高，彭琳．法制环境、关系网络与交易成本——来自中国上市公司的经验证据 [J]．财经研究，2013（6）：51-62.

[83] 周中胜，何德旭，李正．制度环境与企业社会责任履行：来自中国上市公司的经验证据 [J]．中国软科学，2012（10）：59-68.

[84] 朱兵，王文平，王为东，等．企业文化、组织学习对创新绩效的影响 [J]．软科学，2010（1）：65-69.

[85] 朱婷，吴建军．经济发展对文化多样性的影响：基于音乐产品进口来源的实证研究 [J]．国际贸易问题，2015（2）：43-53.

[86] ACEMOGLU D. Constitutions, politics and economics: A review essay on Persson and Tabellini's the economic effects of constitutions [J]. Journal of Economic Literature, 2005, 43 (4): 1025-1048.

[87] ADAMS R B, FERREIRA D. A theory of friendly boards [J]. The Journal of Finance, 2007, 62 (1): 217-250.

[88] AGGARWAL R, FACCIO M, GUEDHAMI O, et al. Culture and finance: An introduction [J]. Journal of Corporate Finance, 2016 (41): 466-474.

[89] AHERN K R, DAMINELLI D, FRACASSI C. Lost in translation? The effect of cultural values on mergers around the world [J]. Journal of Financial Economics, 2015, 117 (1): 165-189.

[90] AKTAS N, DE BODT E, BOLLAERT H, et al. CEO narcissism and the takeover process: from private initiation to deal completion [J]. Journal of Financial and Quantitative Analysis, 2016, 51 (1), 113-137.

[91] ASHRAF B N, ZHENG C, ARSHAD S. Effects of national culture on bank risk-taking behavior [J]. Research in International Business and Finance, 2016, 37: 309-326.

[92] ASSANE D, GRAMMY A. Institutional framework and economic development: international evidence. [J]. Applied Economics, 2003, 35 (17): 1811-1817.

[93] BAMBER L S, JIANG J, WANG I Y. What's my style? The influence of top managers on voluntary corporate financial disclosure [J]. Accounting Review, 2009, 85 (4): 1131-1162.

[94] BEAUDRY P, CAGLAYAN M, SCHIANTARELLI F. Monetary instability, the predictability of prices, and the allocation of investment: An empirical investigation using UK panel data [J]. The American

Economic Review, 2001, 91 (3): 648-6621.

[95]　BENMELECH E, FRYDMAN C. Military CEOs [J]. Journal of Financial Economics, 2015, 117 (1): 43-59.

[96]　BERESKIN F L, CAMPBELL T L, KEDIA S. Whistle blowing, forced CEO turnover and misconduct: The role of socially minded employees and directors [J]. Management Science, forthcoming.

[97]　BERNANKE B S, KUTTNER K N. What explains the stock market's reaction to Federal Reserve policy? [J]. The Journal of Finance, 2005, 60 (3): 1221-125.

[98]　BERTRAND M, SCHOAR A. Managing with style: The effect of managers on firm policies [J]. Quarterly Journal of Economics, 2003, 118 (4): 1169-1208.

[99]　BEUGELSDIJK S, FRIJNS B. A cultural explanation of the foreign bias in international asset allocation [J]. Journal of Banking and Finance, 2010, 34 (9): 2121-2131.

[100]　BIGGERSTAFF L, CICERO D C, PUCKETT A. Suspect CEOs, unethical culture, and corporate misbehavior [J]. Journal of Financial Economics, 2015, 117 (1): 98-121.

[101]　BOBEK D D, HAGEMAN A M, KELLIHER C F. Analyzing the role of social norms in tax compliance behavior [J]. Journal of Business Ethics, 2013, 115 (3): 451-468.

[102]　BOTTAZZI L, RIN M D, HELLMANN T. The importance of trust for investment: Evidence from venture capital [J]. The Review of Financial Studies, 2016, 29 (9): 2283-2318.

[103]　BRAGUINSKY S, MITYAKOV S. Foreign corporations and the culture of transparency: Evidence from Russian administrative data [J]. Journal of Financial Economics, 2015, 117 (1): 139-164.

[104]　BROWN R, SARMA N. CEO overconfidence, CEO dominance and corporate acquisitions [J]. Journal of Economics and Business, 2007, 59 (5): 358-379.

[105]　CALLEN J L, MOREL M, RICHARDSON G. Do culture and religion mitigate earnings management? Evidence from a cross-country analysis [J]. International Journal of Disclosure and Governance, 2010, 8 (2): 103-121.

[106]　CHANG Y C, HONG H G, TIEDENS L, et al. Does diversity lead to

diverse opinions? Evidence from languages and stock markets ［EB/OL］. ［2015-01-20］. https：//papers.ssrn.com/sol3/papers.cfm?abstract_id= 2373097.

[107] CHATTERJEE A, HAMBRICK D C. It's all about me：narcissistic chief executive officers and their effects on company strategy and performance ［J］. Administrative Science Quarterly, 2007, 52 (3)： 351-386.

[108] CHYZ J A. Personally tax aggressive executives and corporate tax sheltering ［J］. Journal of Accounting and Economics, 2013, 56 (2-3)： 311-328.

[109] DANIEL S J, CIESLEWICZ J K, POURJALALI H. The impact of national economic culture and country-level institutional environment on corporate governance practices ［J］. Management International Review, 2011, 52 (3)： 365-394.

[110] DAVIDSON R, DEY A, SMITH A. Executives' "off-the-job" behavior, corporate culture, and financial reporting risk ［J］. Journal of Financial Economics, 2015, 117 (1)： 5-28.

[111] DEBACKER J, HEIM B T, TRAN A. Importing corruption culture from overseas：evidence from corporate tax evasion in the United States ［J］. Journal of Financial Economics, 2015, 117 (1)： 122-138.

[112] DELIKTAS E, BALCILAR M. A comparative analysis of productivity growth, catch-up, and convergence in transition economies ［J］. Emerging Markets Finance and Trade, 2005, 41 (1)： 6-28.

[113] DOLLAR D. Economic reform and allocative efficiency in China's state-owned industry ［J］. Economic Development and Cultural Change, 1990, 39 (1)： 89-105.

[114] DOUCOULIAGOS C, ULUBASOGLU M. Institutions and Economic Growth：A Systems Approach ［EB/OL］. ［2004-04-05］. https：// ideas.repec.org/p/ecm/ausm04/63.html.

[115] DOW D, CUYPERS I R P, ERTUG G. The effects of within-country linguistic and religious diversity on foreign acquisitions ［J］. Journal of International Business Studies, 2016, 47 (3)： 319-346.

[116] DYRENG S D, HANLON M, MAYDEW E L. The effects of executives on corporate tax avoidance ［J］. The Accounting Review, 2010, 85 (4)： 1163-1189.

［117］ EUN C S, WANG L, XIAO S C. Culture and R2 ［J］. Journal of Financial Economics, 2015, 115 (2): 283-303.

［118］ FABBRI D, KLAPPER L F. Bargaining power and trade credit ［J］. Journal of Corporate Finance, 2016 (41): 66-80.

［119］ Fan C C, Sun M. Regional inequality in China, 1978—2006 ［J］. Eurasian Geography and Economics, 2008, 49 (1): 1-18.

［120］ FAN C C. Of belts and ladders: state policy and uneven regional development in post-mao China ［J］. Annals of the Association of American Geographers, 1995, 85 (3): 421-449.

［121］ FAN C C. Uneven development and beyond: Regional development theory in post-Mao China ［J］. International Journal of Urban and Regional Research, 1997, 21 (4): 620-639.

［122］ FISCHER S, SAHAY R, VEGH C A. Economies in transition: The beginnings of growth ［J］. American Economic Review, 1996, 86 (2): 229-233.

［123］ GAO T. Regional industrial growth: Evidence from chinese industries ［J］. Regional Science and Urban Economics, 2004, 34: 101-124.

［124］ GERSTNER W C, KÖNIG A, ENDERS A, et al. CEO narcissism, audience engagement, and organizational adoption of technological discontinuities ［J］. Administrative Science Quarterly, 2013, 58 (2): 257-291.

［125］ GHOUL S E, ZHENG X. Trade credit provision and national culture ［J］. Journal of Corporate Finance, 2016, 41: 475-501.

［126］ GOEL A M, THAKOR A V. Overconfidence, CEO selection, and corporate governance ［J］. The Journal of Finance, 2008, 63 (6): 2737-2784.

［127］ GRAHAM J R, HARVEY C R, PURI M. Managerial attitudes and corporate actions ［J］. Journal of Financial Economics, 2013, 109 (1): 103-121.

［128］ GREEN A. You can't pay them enough: Subsidies, environmental law and social norms ［J］. Harvard Environmental Law Review, 2005, 30 (2): 407-440.

［129］ GRIFFIN D W, GUEDHAMI O, KWOK C C Y, et al. National culture and the value implication of corporate governance ［EB / OL］. [2017-12-19]. https: //papers.ssrn.com/sol3/papers.cfm?abstract_id=

2400078.

[130] GRIFFIN J M, KRUGER S A, MATURANA G. Do personal ethics influence corporate ethics? [EB/OL]. [2019-08-19]. https: //papers. ssrn.com/sol3/papers.cfm?abstract_id=2745062.

[131] GRULLON G, KANATAS G, WESTON J. Religion and corporate (mis) -behavior [EB/OL]. [2010-03-16]. https: //papers.ssrn.com/ sol3/papers.cfm?abstract_id=1472118.

[132] GUAN L, POURJALALI H. Effect of cultural environmental and accounting regulation on earnings management: A multiple year-country analysis [J]. Asia-Pacific Journal of Accounting & Economics, 2010, 17 (2): 99-127.

[133] GUISO L, SAPIENZA P, ZINGALES L. The value of corporate culture [J]. Journal of Financial Economics, 2015, 117 (1): 60-76.

[134] GUISO L, SAPIENZA P, ZINGALES L. Does culture affect economic outcomes? [J]. Journal of Economic Perspectives, 2006, 20 (2): 23-48.

[135] GWARTNEY J D, HOLCOMBE R G, Lawson R A. Institutions and the impact of investment on growth [J]. International Review for Socail Sciences, 2006, 59 (2): 255-273.

[136] HAM C, LANG M, SEYBERT N, et al. CFO Narcissism and financial reporting quality [J]. Journal of Accounting Research, 2017, 55 (5): 1089-1135.

[137] HAM C, SEYBERT N, WANG S. Narcissism is bad sign: CEO signature size, investment, and performance [J]. Review of Accounting Studies, 2018 (23): 234-264.

[138] HAMBRICK D C, MASON P A. Upper echelons: The organization as a reflection of its top managers [J]. Academy of Management Review, 1984, 9 (2): 193-206.

[139] HAN S, KANG T, SALTER S, et al. A cross-country study on the effects of national culture on earnings management [J]. Journal of International Business Studies, 2008, 41 (1): 123-141.

[140] HANSON G H. Market potential, increasing returns and geographic concentration [J]. Journal of International Economics, 2005 (67): 1-24.

[141] HELLMANN T, THIELE V. Incentives and innovation: A multitasking approach [J]. American Economic Journal: Microeconomics, 2011, 3

(1)：78-128.

[142] HILARY G, HUI K W. Does religion matter in corporate decision making in America? [J]. Journal of Financial Economics, 2009, 93 (3)：455-473.

[143] HIRSHLEIFER D, LOW A, TEOH S H. Are overconfident CEOs better innovators? [J]. The Journal of Finance, 2012, 67 (4)：1457-1498.

[144] HO P H, HUANG C W, LIN C Y, et al. CEO overconfidence and financial crisis：Evidence from bank lending and leverage [J]. Journal of Financial Economics, 2016, 120 (1)：194-209.

[145] HOFSTEDE G. Culture and organizations [J]. International Studies of Management and Organization, 1980, 10 (4)：15-41.

[146] HONG H, KACPERCZYK M. The price of sin：The effects of social norms on markets [J]. Journal of Financial Economics, 2009, 93 (1)：15-36.

[147] HOVAKIMIAN A, OPLER T, TITMAN S. The debt-equity choice [J]. Journal of Financial and Quantitative Analysis, 2001, 36 (1)：1-24.

[148] HUA W, WEI P. National culture, population age, and other country factors in volume price volatility relationship [J]. Global Finance Journal, 2017 (32)：83-96.

[149] HUMPHERY-JENNER M, LISIC L L, NANDA V, et al. Executive overconfidence and compensation structure [J]. Journal of Financial Economics, 2016, 119 (3)：533-558.

[150] ICHINO A, MAGGI G. Work environment and individual background：explaining regional shirking differentials in a large Italian firm [J]. Quarterly Journal of Economics, 2000, 115 (3)：1057-1090.

[151] KAPLAN S N, KLEBANOV M M, SORENSEN M. Which CEO characteristics and abilities matter? [J]. The Journal of Finance, 2012, 67 (3)：973 1007.

[152] KAROLYI G A. The gravity of culture for finance [J]. Journal of Corporate Finance, 2016 (41)：610-625.

[153] KO K J, JAMESHUANG Z. Arrogance can be a virtue：Overconfidence, information acquisition, and market efficiency [J]. Journal of Financial Economics, 2007, 84 (2)：529-560.

[154] KORAJCZYK R A, LEVY A. Capital structure choice：Macroeconomic conditions and financial constraints [J]. Journal of Financial Economics,

2003, 68 (1): 75-109.

[155] KRAMER L A, LIAO C M. The spillover effects of management overconfidence on analyst forecasts [J]. Journal of Behavioral and Experimental Finance, 2016 (12): 79-92.

[156] KUBLER D. On the regulation of social norms [J]. Journal of Law, Economics, and Organization, 2001, 17 (2): 449-476.

[157] LA PORTA R, LOPEZ-DE-SILANES F, SHLEIFER A, et al. Legal determinants of external finance [J]. The Journal of Finance, 1997, 52 (3): 1131-1150.

[158] LA PORTA R, LOPEZ-DE-SILANES F, SHLEIFER A, et al. Law and finance [J]. Journal of Political Economy, 1998, 106 (6): 1113-1155.

[159] LA PORTA R, LOPEZ-DE-SILANES F, SHLEIFER A, et al. The quality of government [J]. Journal of Law, Economics, and Organization, 1999, 15 (1): 222-279.

[160] LA PORTA R, LOPEZ-DE-SILANES F, SHLEIFER A, et al. Investor protection and corporate governance [J]. Journal of Financial Economics, 2000, 58 (12): 3-27.

[161] LI Z, MASSA M, XU N, et al. The impact of sin culture: evidence from earning management and alcohol consumption in China [EB/OL]. [2016-09-06]. https: //papers.ssrn.com/sol3/papers.cfm?abstract_id= 2834812.

[162] LIU X. Corruption culture and corporate misconduct [J]. Journal of Financial Economics, 2016, 122 (2): 307-327.

[163] LOVE I, PREVE L A, SARRIA-ALLENDE V. Trade credit and bank credit: Evidence from recent financial crises [J]. Journal of Financial Economics, 2007, 83 (2): 453-469.

[164] MALMENDIER U, TATE G. CEO overconfidence and corporate investment [J]. The Journal of Finance, 2005, 60 (6): 2661-2700.

[165] MALMENDIER U, TATE G, YAN J. Overconfidence and early-life experiences: The effect of managerial traits on corporate financial policies [J]. The Journal of Finance, 2011, 66 (5): 1687-1733.

[166] MALMENDIER U, TATE G. Who makes acquisitions? CEO overconfidence and the market's reaction [J]. Journal of Financial Economics, 2008, 89 (1): 20-43.

［167］ MANSO G. Motivating innovation ［J］. Journal of Finance, 2011, 66 (5): 1823 1860.

［168］ MCGUIRE S T, NEWTON N J, OMER T C, et al. Does local religiosity impact corporate social responsibility? ［EB / OL］. ［2012-05-16］. https: //papers.ssrn.com/sol3/papers.cfm?abstract_id=1926387.

［169］ MCGUIRE S T, OMER T C, SHARP N Y. The impact of religion on financial reporting irregularities ［J］. The Accounting Review, 2012, 87 (2): 645-673.

［170］ MOROSINI P, SHANE S, SINGH H. National cultural distance and cross -border acquisition performance ［J］. Journal of International Business Studies, 1998, 29 (1): 137-158.

［171］ MULLINS W, SCHOAR A. How do CEOs see their roles? Management philosophies and styles in family and non-family firms ［J］. Journal of Financial Economics, 2016, 119 (1): 24-43.

［172］ OESTERLE M J, ELOSGE C, ELOSGE L. Me, myself and I: The role of CEO narcissism in internationalization decisions ［J］. International Business Review, 2016, 25 (5): 1114-1123.

［173］ PARSONS C A, SULAEMAN J, TITMAN S. The geography of financial misconduct ［J］. The Journal of Finance, 2018, 73 (5): 2087-2137.

［174］ PIKULINA E, RENNEBOOG L, TOBLER P N. Overconfidence and investment: An experimental approach ［J］. Journal of Corporate Finance, 2017, 43: 175-192.

［175］ PORTER M. Capital disadvantage: America's failing capital investment system ［J］. Harvard Business Review, 1992, 70 (5): 65-82.

［176］ RAJAN R G, ZINGALES L. Financial dependence and growth ［J］. American Economic Review, 1998, 88 (3): 559-586.

［177］ ROMER P. Endogenous technological change ［J］. Journal of Political Economy, 1990, 98 (5): 71-102.

［178］ SHLEIFER A, VISHNY R W. Politicians and firms ［J］. The Quarterly Journal of Economics, 1994, 109 (4): 995-1025.

［179］ SIEGEL J I, LICHT A N, SCHWARTZ S H. Egalitarianism and international investment ［J］. Journal of Financial Economics, 2011, 102 (3): 621-642.

［180］ SMITH J D. US political corruption and firm financial policies ［J］.

Journal of Financial Economics, 2014, 121 (2): 350-367.

[181] SOLOW R. Technological change and the aggregate production function [J]. Review of Economics and Statistics, 1957, 39: 312 320.

[182] SONG F, THAKOR A V. Information control, career concerns, and corporate governance [J]. The Journal of Finance, 2006, 61 (4): 1845-1896.

[183] TATE G, YANG L. Female leadership and gender equity: Evidence from plant closure [J]. Journal of Financial Economics, 2015, 117 (1): 77-97.

[184] WILLIAMSON O E. The new institutional economics: Taking stock, looking ahead [J]. Global Jurist, 2000, 38 (3): 595-613.

关键词索引

后记

　　这是我学术生涯的第一本专著，也是对我博士学习生活以来学术研究的一个回望和总结。在完成这本书的过程中，我感慨和收获颇多，同时也发现一些不足和遗憾。将自己长期以来的持续研究转化为系统地对一个问题的讨论是充满挑战的，这个转换的过程促使我对相关问题展开了更深入的思考和研究，使得我在整个过程中受益颇丰。但同时，我也对其中的艰辛深有体会，本书的研究也留有一些遗憾。然而世间万物，留有缺憾才会更有期待，这些遗憾将成为我未来继续前进和努力的方向。

　　对于区域文化与企业资本配置效率相关问题的关注始于我在对外经济贸易大学攻读博士学位期间，彼时我对相关问题进行了一系列的初步探索，但由于知识储备有限，研究尚未形成体系。博士毕业后，我进入东北财经大学会计学院从事教学与科研工作，继续从事该领域的研究。本书是我这段时间对区域文化与企业资本配置效率相关问题研究的总结。当然，在未来我仍会对该领域进行进一步的持续研究。

　　本书的顺利完成得益于多方帮助。在这里我要感谢我的恩师张新民教授对我的悉心培养和帮助。张老师的指导和教诲为我奠定了扎实的学术根基，为我在学术道路上越走越远奠定了坚实的基础。同时我要感谢在对外经济贸易大学国际商学院攻读博士学位期间，陈德球教授、陈汉文教授、雷光勇教授、刘慧龙副教授、钱爱民教授、杨道广博士等给予我的无私指导和帮助。

感谢美国华盛顿大学（圣路易斯）Xiumin Martin 教授，在我作为访问学者在美国进行交流访问时，给予我很大的帮助，在美国期间参与的课程和讲座使我对相关领域的国际研究动态和研究方法有了很好的把握。

在我有幸加入东北财经大学会计学院后，我得到了同事们诸多的关心和照顾，他们的帮助使我很快适应这里的工作环境，同时他们也为我的研究和本书的写作提出了宝贵的意见。在这里由衷感谢方红星教授、孙光国教授、陈艳利教授、刘行教授、王景升教授、王满教授、刘凌冰教授、常丽教授等。

最后，感谢我亲爱的家人对我的支持和理解。我的爱人、双方父母在我决定攻读博士学位时无条件地支持我，在 4 年的博士学习生活中，他们为我排除了生活上的一切障碍，使我能够全身心投入到学术研究中。感谢我尚未出生的孩子，感谢他一直陪着我完成此书的写作。

因笔者水平有限，本书难免存在疏漏之处，很多地方难以令人满意，但我还是鼓足勇气将这本专著呈现在各位面前，恳请各位专家斧正！

张婷婷

2019 年 10 月于大连